Les 100 règles d'or pour obtenir ce que vous voulez... sans avoir à le demander

Publié pour la première fois en Grande-Bretagne en 2011
par Pearson Education Ltd., sous le titre *How to get
what you want without having to ask.*

Traduit de l'anglais par Véronique Merland

Richard Templar

Les 100 règles d'or pour obtenir ce que vous voulez...
sans avoir à le demander

MARABOUT

Introduction

C'est facile de regarder autour de soi et de se dire que ceux qui semblent toujours avoir tout ce qu'ils veulent ont tout simplement de la chance. En réalité, la chance n'y est pas pour beaucoup. Bien entendu, certains sont mieux lotis que d'autres au départ, mais nous connaissons tous des gens issus de milieux aisés, voire extrêmement privilégiés, qui ne sont pas heureux, et d'autres qui sont partis de rien et qui se sont construit une vie faite de réussite et de bonheur.

Alors quelle est la différence entre ceux à qui tout semble réussir, et ceux qui galèrent sans cesse ? Si vous observez bien les gens (ce que je fais), vous remarquerez que certains savent comment obtenir ce qu'ils veulent, et d'autres pas. Ma femme, dont le moins qu'on puisse dire est qu'elle est déterminée*, vient d'un milieu qui n'est pas à plaindre, mais elle a fait beaucoup de chemin pour arriver où elle est aujourd'hui. Il arrive qu'on lui dise qu'elle a beaucoup de chance d'avoir la vie qu'elle mène, avec un travail qui s'adapte parfaitement à la vie de famille, ce à quoi elle répond (très poliment mais fermement) : « De la chance ? La chance n'a rien à voir là-dedans. Je voulais cette vie-là, je m'en suis donné les moyens. »

C'est vrai. Elle a toujours su qu'elle voulait habiter dans une vieille maison à la campagne, avec des chats, des chiens et des enfants, et un métier qui lui laisse suffisamment de temps pour s'occuper de tout ce monde-là. Et je vais vous dire autre chose : avant même

---

* À vrai dire, c'est un peu un euphémisme, mais je m'en tiendrai à ce mot.

que nous nous rencontrions (huit ans avant la naissance de notre premier enfant), elle a eu l'occasion de travailler en free-lance. Elle savait qu'elle voulait des enfants dans le futur, et elle s'est dit : « C'est le métier dont j'aurai besoin un jour, quand le moment sera venu de faire des enfants », alors elle s'est lancée. On comprend alors pourquoi elle n'apprécie pas qu'on lui dise qu'elle « a de la chance » d'avoir un métier qui s'adapte bien à la vie de famille.

L'approche de ma femme n'a rien d'exceptionnel. Tout le monde peut le faire. Vous pouvez le faire. Oubliez la chance : si elle vous sourit de temps à autre, tant mieux, mais vous n'avez pas besoin d'elle. Il suffit de savoir clairement ce que vous voulez, puis de déterminer les moyens de l'obtenir. Et ce livre est là pour ça.

Il existe une idée reçue selon laquelle obtenir ce qu'on veut est une chose réservée aux gens extrêmement sûrs d'eux, aux fonceurs, aux audacieux, aux winners. Je pense pour ma part que ces gens-là se la coulent douce et font bosser les autres, dont ils exigent ce qu'ils veulent comme si ça leur était dû. Mais il ne s'agit pas du tout de ça. Bien sûr, si vous n'êtes pas excessivement téméraire et sûr de vous, sans doute n'aimez-vous pas demander les choses. Certes, je comprends bien votre point de vue. Vous ne voulez pas vous imposer aux autres, ou peut-être craignez-vous qu'on vous dise non. Peut-être simplement cela vous met-il mal à l'aise de mettre vos émotions au jour devant les autres lorsqu'il s'agit de parler de ce qui vous tient vraiment à cœur. Mais ce n'est pas grave, on fera avec.

Ce qu'il faut comprendre, c'est qu'avec un peu de stratégie, il n'est bien souvent pas nécessaire de demander directement ce que l'on veut. Une grande partie des choses se joue face à vous-même : dans la réflexion et l'anticipation. Si cette phase-là est réussie, le travail est déjà à moitié fait.

Par ailleurs, vous avez tout intérêt à ce que les autres vous voient comme quelqu'un qu'ils ont envie d'aider et de soutenir. Si vous vous montrez comme une personne positive et sympathique, pourquoi vous dirait-on non, à moins d'une très bonne raison? Et s'il se trouve qu'il y a une très bonne raison de vous dire non, il y aura toujours moyen de faire avec aussi. Des moyens d'aider les autres à vous dire oui.

Si vous n'avez pas l'habitude d'obtenir ce que vous voulez, le moment est venu de faire que ça change. Il vous faudra peut-être un peu de temps pour apprendre à maîtriser tout ça, mais c'est entièrement à votre portée et vous pouvez commencer tout de suite. Alors qu'attendons-nous? Si c'est ce que vous voulez, mettons-nous-y tout de suite.

Richard Templar
Richard.Templar@RichardTemplar.co.uk

I

Soyez de ceux qui obtiennent ce qu'ils veulent

Regardez autour de vous. Vous les voyez, les winners et les losers ? Bien sûr que oui, vous les voyez. Certains semblent toujours avoir tout ce qu'ils veulent, tandis que d'autres se battent sans cesse et n'obtiennent jamais rien. Nous avons tous des moments avec et des moments sans. Comment se fait-il que certains arrivent à ce qu'on réponde si souvent à leurs souhaits, tandis que d'autres semblent toujours écoper du dessous du panier ?

En fait, ça tient beaucoup à votre personnalité. Si vous partez sur des bases solides, vous avez beaucoup plus de chances d'obtenir ce que vous voulez dans la plupart des cas. Alors, avant d'aller plus loin et de passer en revue les techniques auxquelles vous pouvez recourir, commençons par réfléchir à la façon dont vous pouvez optimiser vos chances d'obtenir ce qui vous tient à cœur.

RÈGLE 1

Sachez ce que vous voulez

Cela semble assez évident. Mais après tout, êtes-vous sûr de savoir exactement ce que vous cherchez à obtenir? Une promotion, peut-être? Une augmentation? Attendez-vous désespérément que quelqu'un vous propose un nouvel emploi dans son entreprise? Ou désirez-vous convaincre votre moitié de rentrer plus tôt du travail et de passer plus de temps avec vous? Ou de fonder une famille, peut-être?

Prenons l'un de ces souhaits comme exemple – disons, avoir une promotion. OK, c'est un très bon objectif. Alors quel est votre problème? Si vous travaillez suffisamment dur, il y a toutes les chances que vous l'obteniez un jour ou l'autre. La plupart des gens finissent par grimper les échelons, petit à petit. Mais ce n'est pas « un jour » que vous la voulez, mais aujourd'hui, c'est bien ça? Alors pourquoi ne l'avoir pas dit plus tôt?

Et pendant que nous y sommes, à quel poste exactement souhaitez-vous être promu ? Et avec quel salaire ?

Voyez-vous, plus vous serez clair sur ce que vous voulez exactement, plus cela vous sera facile d'y accéder. Sinon, vous risquez de ne même pas vous rendre compte du moment où ça arrive. Prenons le cas où vous aimeriez que votre conjoint rentre plus tôt du travail et passe plus de temps avec vous. Si il/elle rentre du travail plus tôt un soir par semaine, serez-vous satisfait(e) ? Aurez-vous obtenu ce que vous vouliez ? Peut-être que ça vous suffira. Ou peut-être que vous voulez qu'il/elle rentre plus tôt trois jours par semaine, ou tous les jours, ou seulement un jour, mais suffisamment en forme pour sortir dans la soirée.

Essayez de vous demander : « Comment saurai-je que j'ai eu ce que je voulais sur ce coup-là ? » Qu'est-ce qui sera différent ? Qu'est-ce qui aura changé ? Comment sera votre vie ?

Le tout premier pas à faire pour obtenir ce que vous voulez est donc d'identifier avec précision ce que c'est.

RÈGLE 2

Sachez pourquoi vous le voulez

Revenons à cette promotion. Qu'est-ce que vous attendez au fond de vous? Est-ce le fait d'être mieux reconnu par votre entreprise? D'améliorer vos perspectives de carrière pour la suite? Que votre mère soit fière de vous? Ou est-ce que vous visez avant tout l'augmentation de salaire qui va avec? À moins que vous ne vouliez tout simplement pas que ce collègue que vous ne pouvez pas encadrer l'obtienne à votre place?

Il y a de bonnes raisons de vous poser ces questions. Car il peut très bien s'avérer, au final, que ce que vous *croyez* vouloir n'est pas du tout ce que vous voulez. Imaginez que l'on vous offre un titre plus prestigieux, mais sans augmentation de salaire ou sans aucune responsabilité supplémentaire. Seriez-vous satisfait? Ça va dépendre, n'est-ce pas? Si ce que vous vouliez vraiment, c'était la reconnaissance de votre boss, ça pourrait bien être la réponse à vos souhaits. Mais si vous vouliez une promotion parce que vous avez besoin d'un plus gros salaire, alors ça ne vous avancera pas à grand-chose. À ce moment-là, une augmentation sans promotion aurait été bien plus proche de vos attentes.

Admettons que vous souhaitiez améliorer vos rapports de couple. Pour quelle raison? Vous vous dites peut-être que la réponse à cette question est évidente. Et il se peut que vous ayez raison. Parfois, elle est évidente. Mais parfois, nous n'arrivons pas à définir exactement ce que nous voulons avant d'avoir compris pourquoi nous le voulons. Les gens qui arrivent toujours à leurs fins ne passent pas outre la question du « pourquoi ». Ils y réfléchissent.

RÈGLE 3

Sachez à quel point vous le voulez

Nous voulons tous des tas de choses. Du moins, c'est mon cas*. Et j'imagine que c'est le vôtre aussi. Il est donc important de savoir ce que vous désirez plus que tout. Parfois il faut choisir une chose au détriment d'une autre. Ce qui est difficile à faire, à moins de bien savoir où sont ses priorités.

Vous voyez ces gens qui semblent toujours obtenir tout ce qu'ils veulent? En fait, ce n'est pas le cas. Ils sacrifient souvent des désirs secondaires dans l'intérêt de leurs désirs majeurs. Ils font une croix sur la promotion qu'ils voulaient parce qu'elle impliquerait de plus longues journées de travail et qu'ils accordent plus d'importance à la vie de famille, et que c'est ça qu'ils veulent vraiment. Là où ils ont bien joué, c'est qu'ils sont parvenus à définir à quel point chacune de ces choses leur tenait à cœur, et à les classer par ordre de priorité.

Dans quelle mesure souhaitez-vous fonder une famille, par exemple? Assez pour renoncer à déménager dans un quartier plus chic? Assez pour faire une croix sur les vacances à l'étranger pour le futur proche et moins proche? Assez pour mettre votre carrière en pause pendant quelques années?

Personne ne peut tout avoir. Alors déterminez à quel point ce que vous essayez d'obtenir vous tient à cœur, en particulier par rapport à toutes les autres choses que vous pouvez souhaiter.

* À commencer par une machine capable de détecter le moment où on pense à un café, et qui le préparerait avant même qu'on ait conscience qu'on a envie d'en boire un.

RÈGLE 4

Désirez ce que vous avez

J'ai une amie qui, un jour, est allée passer un entretien d'embauche. Pour dire les choses comme elles sont, elle y allait un peu par désespoir : elle avait juste besoin d'échapper (au plus vite) à la situation professionnelle infernale dans laquelle elle se trouvait. Elle n'a pas eu le poste et était complètement dépitée. Cependant, après l'avoir rencontrée, le recruteur a décidé de créer un nouveau poste de toutes pièces (en plus de pourvoir celui qui était vacant), juste pour pouvoir l'embaucher.

Aujourd'hui, dix ans plus tard, elle occupe toujours ce poste tellement elle s'y sent bien, ce qui l'a emmenée dans une direction qu'elle n'aurait jamais envisagée auparavant, mais dont elle a fini par comprendre qu'elle était absolument idéale pour elle.

Un autre de mes amis a un jour rencontré une femme qu'il appréciait comme amie, mais avec qui il n'envisageait pas d'aller plus loin à l'origine, car elle était trop différente de ses précédentes petites amies, et qu'il n'y avait entre eux ni frisson ni alchimie physique particulière. Cette personne est aujourd'hui sa femme, ils ont fondé une famille, et il se considère comme l'homme le plus comblé qui soit dans sa vie de couple.

Parfois on ne sait pas ce qu'on veut jusqu'au moment où ça nous arrive. Vous ne pouvez pas toujours prévoir ce que la vie a à vous offrir. Mais si vous restez ouvert aux possibilités, et prêt à saisir les occasions qui se présentent pour voir où elles vous mènent, parfois elles vous feront prendre des voies auxquelles vous n'auriez jamais pensé, mais qui vous conviennent à la perfection. Il se peut que vous obteniez une chose qui n'est pas exactement ce que vous aviez désiré à l'origine, mais vous pouvez décider de le désirer une fois que vous l'avez.

Vous êtes le seul à vraiment pouvoir savoir si vous avez eu ce que vous voulez. Non pas que je vous encourage à vous contenter d'un second choix. Il ne s'agit pas de faire des compromis, il s'agit d'adopter la bonne attitude. Si le but de la manœuvre – trouver un travail qui vous plaît, avoir une vie de couple épanouissante – a été atteint, ce n'est qu'une question de perspective.

RÈGLE 5

Arrêtez de vous raconter des histoires

Si vous voulez quelque chose, il faut agir en conséquence. Il n'est pas forcément nécessaire de tout y sacrifier, mais il est indispensable de prendre une décision ferme pour passer à l'action. Ça ne sert à rien de dire que vous voulez arrêter de fumer si vous continuez à vous en griller une à la première occasion, en imaginant comme ce serait bien si vous pouviez en finir avec la cigarette. Faites quelque chose pour que ça change.

Je connais une personne à qui il faut toujours plus de cinq minutes pour choisir entre une tasse de thé ou une tasse de café. Il lui faut généralement plusieurs années pour déménager ou pour donner sa démission d'un poste qui ne lui plaît pas. Il n'est donc pas très étonnant qu'elle n'accède pas souvent à ce qu'elle veut.

Il faut être ferme avec vous-même. Une fois que vous avez identifié ce que vous voulez (et déterminé pourquoi et dans quelle mesure vous le voulez), il faut décider si vous comptez ou pas faire quelque chose pour l'obtenir. De la résolution : voilà ce qu'il vous faut. Après tout, si c'est vraiment ce que vous voulez, qu'attendez-vous ? Les gens qui obtiennent ce qu'ils veulent sont généralement ceux qui y sont fermement décidés. Et si vous voulez arriver à vos fins sans avoir à demander, il faut être doublement ferme avec vous-même. Ne vous en faites pas : la détermination n'est pas forcément une chose qui vient naturellement à tout le monde, mais ça s'apprend. Il suffit de vous lancer à pieds joints une fois, et ça deviendra de plus en plus facile.

RÈGLE 6

Soyez lucide sur les conditions nécessaires

Alors comment allez-vous faire pour déclencher les choses et atteindre votre objectif? Parce que ça ne va pas arriver tout seul. Faites la liste (elle peut être très longue, mais aussi très courte) des conditions nécessaires à ce que vous atteigniez votre but. Après tout, si vous ne les connaissez pas, comment allez-vous faire pour les mettre en place?

Il vous faudra peut-être des choses concrètes – emprunter de l'argent pour acheter une nouvelle voiture ou pour payer le mariage dont vous rêvez, ou obtenir un rendez-vous avec le directeur de l'entreprise pour laquelle vous souhaitez travailler, ou encore trouver une baby-sitter une fois par semaine pour pouvoir sortir. Ou bien peut-être vous faudra-t-il influencer quelqu'un, ou l'encourager à changer d'attitude. Dans ce cas, qu'est-ce qui permettra de le faire changer d'avis? Quelles que soient les conditions, il va vous falloir les identifier. Sinon comment pensez-vous pouvoir faire bouger les choses?

Regardons les choses en face: on n'a rien sans rien. Il se peut que la réflexion fasse une grande partie du travail, mais il se peut aussi qu'il faille des mois d'efforts acharnés. En dépit des apparences, rien ne tombe jamais tout cuit dans le bec de personne. En tout cas très rarement. Si vous voulez quelque chose, il faut que vous réfléchissiez au moyen de l'obtenir, et c'est la première condition nécessaire.

RÈGLE 7

Sachez qui vous allez avoir besoin de mettre de votre côté

Vous n'êtes pas seul, vous savez, et rien ne vous oblige à tout assumer dans votre coin. Même si vous ne confiez votre objectif à personne, vous allez avoir besoin de la coopération de certains. Alors commencez par déterminer quelles personnes peuvent vous aider. Peut-être seront-elles pour vous des alliés essentiels, ou peut-être ne sauront-elles même pas qu'elles vous aident.

Revenons à votre promotion. Pour commencer, il va vous falloir avoir votre boss de votre côté. Et même, très probablement, son boss à lui. Et peut-être même aussi certains de vos collègues qui ont de l'ancienneté. Vous allez aussi sans doute avoir besoin du soutien de votre conjoint, que ce soit parce qu'une promotion peut impliquer des changements d'horaires, ou parce que vous voulez qu'il/elle vous entraîne à passer des entretiens.

Toute épreuve, qu'elle soit personnelle ou professionnelle, est déjà beaucoup plus facilement surmontable lorsqu'on a un ami, ou encore une fois un conjoint, sur le soutien duquel compter. Et si votre famille est vraiment de tout cœur avec vous, elle vous apportera un appui émotionnel et pratique crucial. Mais il se peut aussi que vous ayez besoin de vous entourer de gens qui sont dans la même situation que vous.

Peut-être aussi que vous êtes seul et que vous aimeriez rencontrer la personne qui sera à vos côtés dans vos combats. Connaissez-vous quelqu'un qui peut vous présenter des gens ? Si vous voulez essayer le *speed dating* ou les rencontres sur Internet, serait-ce une bonne idée de vous faire conseiller par quelqu'un qui en a fait l'expérience ? (La réponse à cette question est oui.)

Bien, maintenant nous avons un peu balisé le terrain. Vous commencez à voir de quoi et de qui vous allez avoir besoin, de façon à poser les bases qui permettront de faire que ce à quoi vous aspirez ait beaucoup plus de chances de se réaliser.

RÈGLE 8

Pour les grandes ambitions, procédez par étapes

Il y a une grande différence entre vouloir acheter une petite voiture pratique pour tous les jours et avoir envie d'une Rolls Royce ou d'une Lamborghini. Parfois, ce qu'on veut est accessible en assez peu de temps. Mais d'autres aspirations sont trop ambitieuses pour qu'on fonce vers elles les yeux fermés. Il faut les fractionner en étapes plus abordables. Ce qui est important, c'est d'accorder autant de sérieux à chacune de ces étapes : réfléchissez de façon approfondie à chacune de ces étapes, aussi attentivement que si elles étaient votre objectif ultime, et pas seulement un stade intermédiaire.

Vous avez entendu parler de ce type au Canada qui a décidé d'obtenir ce qu'il voulait juste par le troc*? Il a commencé avec un

* Allez voir sur www.oneredpaperclip.blogspot.com.

trombone rouge, qu'il a échangé contre un stylo, qu'il a échangé contre une poignée de porte, et ainsi de suite. D'échange en échange, il a chaque fois obtenu un objet de valeur un peu plus importante, jusqu'à ce que cet objet soit une maison. Et voyez-vous, jamais il n'aurait pu échanger un trombone contre une maison dès le départ, mais parce qu'il a procédé petit à petit, il a fini par obtenir ce qu'il voulait. En l'occurrence, il aura fallu quatorze échanges. Dans votre cas, peut-être n'y aura-t-il qu'une ou deux étapes, ou bien beaucoup plus que ça.

Ramenez les grandes ambitions à des objectifs intermédiaires, et traitez chacun d'eux comme une fin en soi. Sinon vous aurez la sensation d'être au pied d'une montagne impossible à gravir et vous perdrez courage. D'ailleurs, vous finirez peut-être par trouver votre bonheur beaucoup moins loin que vous ne le pensiez. Si vous voulez une Lamborghini, commencez par viser quelques modèles de voitures prestigieuses, ou sportives, ou séduisantes, ou rapides, ou tout ce qui vous semble important, jusqu'à ce que vous arriviez à la voiture de vos rêves.

RÈGLE 9

Balisez le parcours

Toutes les ambitions ne sont pas grandes au point de pouvoir être divisées en plusieurs étapes. Que ce soit ou non le cas de la vôtre, ça vaut toujours la peine de vous fixer quelques repères dans votre quête. Il ne s'agit pas d'aboutissements concrets finals, mais de bornes qui jalonneront votre parcours. Par exemple, si vous essayez de perdre du poids, vous pouvez vous être fixé comme objectif de perdre vingt kilos sur les six prochains mois. Si ça vous semble impressionnant, visez un objectif plus modéré dans un premier temps. Comme de perdre deux kilos d'ici la fin du mois, par exemple.

Mais tous les repères ne doivent pas être aussi concrets. Peut-être savez-vous que, pour obtenir votre promotion, il faut gagner un contrat particulier, obtenir de votre chef qu'il vous confie plus de responsabilités, trouver l'occasion d'impressionner le conseil d'administration avec un rapport solide de votre cru, dépasser certains objectifs, etc. Chacun de ces points est un pas vers votre but.

Apprendre une langue nécessite de repérer le cours que vous pourrez suivre, de libérer la soirée correspondante pour pouvoir y assister, et peut-être de trouver quelqu'un pour vous accompagner. Aucune de ces choses n'est une fin en soi, mais sans elles vous n'arriverez pas à ce que vous voulez.

Il y a deux bonnes raisons de se fixer des repères. Tout d'abord, ils vous aident à vous organiser de façon à pouvoir passer à l'action plus efficacement. D'autre part, ils permettent de ne pas vous égarer en route et de garder le cap de votre destination.

RÈGLE 10

Félicitez-vous à chaque avancée

C'est très bien si vous arrivez à regarder vers l'avant et à rester concentré sur l'objectif à l'horizon. Mais n'oubliez pas de vous retourner de temps à autre pour mesurer le chemin parcouru. Chaque fois que vous franchissez une étape, il est important d'en prendre conscience, de vous en réjouir, de fêter ça, d'apprécier votre réussite, de savourer votre succès. Ce n'est peut-être qu'une des étapes qui mène à votre objectif ultime, mais c'est quand même une étape de plus vers votre objectif ultime. C'est déjà positif ! Et ça mérite d'être apprécié.

Voyez les choses de cette façon : si vous avez divisé votre objectif ultime en plusieurs étapes, et chaque étape en objectifs intermédiaires, alors vous voulez atteindre chacun de ces petits objectifs. Donc lorsque vous les atteignez, vous obtenez ce que vous voulez ! OK, pas ce que vous voulez dans son intégralité – pas l'objectif final –, mais vous avez obtenu autant que c'est possible d'obtenir à ce stade, et vous êtes en bonne position pour entamer l'étape suivante. Vous êtes donc déjà de ceux qui obtiennent ce qu'ils veulent… même si vous voulez plus que ça.

Penser positivement a un pouvoir énorme. Rien qu'en prenant conscience de vos avancées et de vos progrès, vous vous sentirez plus fort, plus confiant, et vos prochains objectifs vous paraîtront alors beaucoup plus accessibles. Il est donc primordial de marquer le coup. Que ce soit seul dans votre coin ou avec beaucoup de monde autour de vous, la façon de fêter vos petites victoires n'a pas d'importance tant que vous avez pleinement conscience de votre mérite.

Alors allez-y : fêtez ça quand vous êtes arrivé à mettre telle ou telle personne de votre côté, ou à convaincre votre chef de vous attribuer une responsabilité particulière, ou à décrocher un entretien, ou à économiser la moitié de la somme qu'il vous faut pour acheter un nouvel ordinateur, ou une voiture, ou pour vous payer les vacances de vos rêves, ou quoi que ce soit ! Vous êtes sur la bonne voie, bravo !

RÈGLE 11

Mettez les choses par écrit

Allez maintenant chercher un papier et un crayon* – oui, tout de suite. Bon, d'accord, vous pouvez écrire sur ce livre si vraiment vous le voulez, ça m'est égal. Maintenant, vous allez devoir mettre certaines choses par écrit avant que nous allions plus loin. Prêt?

Notez l'objectif que vous souhaitez atteindre, puis notez ce dont vous avez besoin pour l'obtenir. Notez aussi tous les objectifs intermédiaires qui mènent à votre objectif ultime (vos souhaits secondaires) et le détail des étapes à franchir (les conditions nécessaires).

Il y a deux raisons de faire ça. Pour commencer, si vous ne vous arrêtez pas sur certains détails importants, vous risquez de les oublier. Quand on veut vraiment quelque chose, il est nécessaire

---

* Ou bien, si vous préférez, ouvrez un fichier dans votre traitement de texte.

d'anticiper les choses de façon détaillée, de s'organiser, de préparer le terrain. Si tout n'est pas écrit quelque part, vous risquez de négliger quelque chose d'essentiel qui vous freinera, ou qui vous empêchera d'avancer.

Sans compter que les choses deviennent plus réelles quand elles sont écrites noir sur blanc. Votre projet est là, sous vos yeux. Ce qui est écrit va vraiment se passer. La marche à suivre est toute tracée. Il ne s'agit plus d'un rêve ni d'un vague souhait, mais d'un plan d'action solide et bien défini.

Alors, vous voyez? Tous ces gens dont vous pensiez qu'ils obtiennent toujours ce qu'ils veulent parce qu'ils ont de la chance, ou qu'ils ont un bon karma, ou je ne sais quoi encore, eh bien, ce n'est pas du tout ça. Ils ont juste un papier et un stylo, et n'ont pas peur de s'en servir.

RÈGLE 12

Analysez les points problématiques

Certains domaines vont vous donner plus de fil à retordre que d'autres, non? C'est une chose de mettre de côté un peu d'argent chaque semaine au printemps, c'en est une autre de rester ferme et de continuer à économiser pendant la période de Noël ou lorsque vous êtes en vacances. C'est facile de convaincre votre sœur d'organiser chez elle une grande fête de famille, mais c'est une autre paire de manches de persuader vos parents divorcés d'y venir tous les deux. Remplir vos objectifs de performances au travail devrait être jouable, mais assurer avec brio la présentation en public qu'on attend de vous est un défi bien plus impressionnant.

En parcourant la liste (que vous avez maintenant mise par écrit, donc vous pouvez la parcourir du regard), certaines choses vont vous sauter aux yeux comme étant beaucoup plus difficiles à accomplir que les autres. C'est sur celles-ci qu'il va vous falloir concentrer toute votre attention. Je dis ça parce l'instinct pousse souvent à faire le contraire: les ignorer en espérant qu'elles se régleront d'elles-mêmes. Mais si vous voulez arriver à vos fins, il vous faudra les regarder en face. Ce sont les obstacles clés qui vous séparent de ce que vous voulez.

Après tout, si vous arrivez à surmonter ces difficultés-là, l'affaire sera quasiment dans le sac. Le reste, c'est du gâteau. Alors consacrez vos efforts à réfléchir à la façon dont vous allez pouvoir franchir ces obstacles plus que tous les autres. Déterminez où est le problème, ce qu'il faudra pour le résoudre, comment vous pouvez vous en tirer.

Aller à un entretien quand on a été convoqué après avoir répondu à une offre d'emploi est à la portée de tout le monde. Mais imaginons que l'entreprise sur laquelle vous avez jeté votre dévolu ne recrute pas et qu'il vous faille demander un entretien? C'est là que sera la plus grande difficulté. Ne commencez pas à vous tracasser pour votre CV pour le moment. Réfléchissez juste à la façon dont vous allez vous y prendre pour rencontrer le PDG. Y a-t-il un moyen de le faire sans demander directement, si ça vous intimide trop? Avez-vous une connaissance en commun? Est-il possible d'écrire plutôt que de téléphoner? Ou de vous rendre à un événement et de vous présenter? Ne laissez pas le sujet de côté parce que vous n'avez pas envie de vous y attaquer, sinon vous n'obtiendrez jamais ce que vous voulez.

RÈGLE 13
Fixez-vous des dates butoir

Bien, nous voici donc partis pour que les choses se réalisent. Mais au fait… quelles choses? Quand? Eh bien, il va falloir noter une date à côté de tous les points à accomplir que vous avez inscrits dans votre liste. Sinon, ça risque de ne jamais arriver. Est-ce que ça ne vous rappelle pas un peu les principes de la gestion de projet? Tant mieux, parce que c'est exactement ça. Obtenir ce que vous voulez est un projet, et ça demande exactement le même type d'organisation.

Ce dont vous avez besoin, ce sont des dates de délai. Des repères concrets pour canaliser vos efforts. Vous devez décider quand les choses devront se faire, ou du moins la date à laquelle elles devront s'être produites au plus tard. Envisageons le cas suivant: vous souhaitez que votre sœur accepte qu'une fête d'anniversaire soit organisée chez elle pour les trente ans de votre frère. Vous savez qu'il y a des tas de choses à prévoir – le buffet, la musique, les invitations –, mais vous avez, avant toute chose, besoin que votre sœur soit d'accord, et il est très probable que votre mère soit la personne à laquelle elle a le plus de chances de dire oui. Cherchez à savoir très vite quand votre mère doit voir votre sœur pour le lui demander en personne. Ce qui implique que vous sachiez quand, au plus tard, vous devez voir votre mère pour pouvoir la briefer. Vous voyez, il n'y a pas que pour les choses les plus évidentes qu'il faut fixer des délais.

Peut-être souhaitez-vous avoir une fonction plus commerciale dans votre entreprise l'année prochaine, après la réorganisation prévue. Que faut-il faire pour convaincre votre chef de vous donner ce type de responsabilité? Y a-t-il des qualifications ou des expériences que vous devez acquérir auparavant? Et quand? Quel est le meilleur moment pour informer votre chef de vos ambitions? Si vous voulez réaliser un rapport teinté de marketing pour impressionner votre chef, quand faudrait-il que vous le fassiez?

Tout projet nécessite une date butoir, parce que les choses ne se décideront pas à arriver d'elles-mêmes. Vous pouvez même peut-être avoir terminé avant cette date butoir – dans ce cas, tant mieux! –, mais si vous laissez le temps filer, il est possible que rien ne se réalise jamais. Et vous ne pourrez vous en prendre qu'à vous-même.

RÈGLE 14

Sachez faire preuve d'imagination

Bien sûr, il y a toujours une façon qui paraît évidente pour obtenir ce que vous voulez – comme par exemple de demander à votre chef de vous attribuer une voiture de fonction –, mais ça, c'est ce que vous voulez éviter d'avoir à faire. Alors essayons de trouver un autre moyen d'y parvenir.

Peut-être que ce que vous voulez vraiment, c'est une Mercedes pour pouvoir impressionner vos amis avec une voiture qui a vraiment de la classe. Mais il y a d'autres façons de l'obtenir. Vous pourriez peut-être postuler à une promotion pour un poste qui donne droit à une voiture de fonction. Ce n'est pas à votre portée pour le moment ? OK, alors pourquoi pas une augmentation (nous verrons plus loin comment l'obtenir), qui vous permettrait d'ajouter quelques équipements de prestige à votre voiture actuelle ?

Ou bien vous pourriez aussi travailler un peu plus – vous trouver une activité en free-lance ou un emploi en plus – pour gagner l'argent qu'il vous faut. Ou encore faire jouer des contacts que vous pourriez avoir dans le domaine automobile pour trouver une voiture à prix très bas, que vous pourriez réparer.

Vous voyez, avec une approche créative, on trouve souvent un moyen détourné d'arriver à ses fins. Alors ne vous découragez pas – explorez toutes les possibilités.

RÈGLE 15

Ne vous cherchez pas d'excuses

C'est difficile de négocier avec des gens qui ne veulent pas coopérer. Et ce n'est pas évident de respecter des dates, quelles qu'elles soient, quand on a de longues journées de travail. Sans parler du casse-tête que ça représente d'essayer de libérer une soirée quand on a des enfants. Ou de la difficulté d'arrêter de fumer juste au moment où la vie devient particulièrement stressante. Ou de perdre du poids à la période de Noël. Ou… Stop ! Ça suffit ! Je connais tout ça par cœur !

Moi, vous savez, ça m'est égal si vous n'atteignez pas votre but. Ce n'est pas moi qui veux un nouveau travail/une meilleure relation de couple/plus d'attention/un grand mariage en blanc/des vacances/une petite amie/un bébé/un corps de rêve*. Soit c'est ce que vous voulez, soit non. Et si c'est ce que vous voulez, vous chercherez des raisons pour dire que vous pouvez, pas des raisons pour dire que vous ne pouvez pas.

Vous voulez savoir pourquoi certains semblent toujours avoir tout ce qu'ils veulent ? C'est parce qu'ils ne restent pas les bras croisés à se chercher des excuses en espérant que ça va leur tomber du ciel comme par magie pendant qu'ils attendent. Ils passent à l'action malgré tous les obstacles qui peuvent se mettre en travers de leur chemin. Ils gardent la tête dans le guidon et ne s'arrêtent pas au premier non.

Alors ne vous cherchez plus d'excuses. Si c'était facile, vous auriez déjà ce que vous désirez. Et si vous êtes là aujourd'hui, c'est bien parce que c'est difficile. Si on s'arrête à ça, on n'arrive jamais nulle part. Bien, la séance est levée. Voilà qui est mieux. Reprenez-vous et passons aux choses sérieuses.

---

* OK, peut-être que je veux un peu ce dernier point…

RÈGLE 16

Adoptez une approche positive

Le texte précédent devrait vous avoir montré où ça peut vous mener de penser négativement. Oui, c'est bien ça : nulle part. Si ce que vous voulez est ambitieux, ou important, ou difficile, ou impressionnant, alors votre plus gros challenge est peut-être d'ordre psychologique.

Tout objectif tant soit peu réaliste est potentiellement réalisable, mais si vous vous laissez démonter, vous avez beaucoup moins de chances d'y arriver. Vous risquez même de ne jamais vous y mettre. Vous passerez votre temps à vous chercher des excuses, à procrastiner, à contourner les difficultés, et au final à ne jamais vraiment essayer pour de bon.

Il est important de vous mettre dans le bon état d'esprit. C'est-à-dire dans un état d'esprit positif. Ne vous autorisez pas à être pessimiste sur l'issue de votre projet. Ne vous autorisez pas à concevoir des scénarios dans lesquels vous échouez à ceci, ou vous arrivez en retard à cela, ou vous oubliez un rendez-vous, ou on vous dit que vous n'avez pas gagné/obtenu/atteint ce que vous voulez. Dès que votre esprit commence à s'engager sur cette voie, soyez ferme. Dites-vous non. Ce type d'idées est interdit, banni, *verboten*.

Pensez plutôt à votre objectif, à tout ce que vous avez comme atouts de votre côté pour y arriver, à tout le chemin déjà parcouru, et pensez comme ce sera génial une fois que vous aurez enfin obtenu ce que vous voulez. Rappelez-vous tous les moments où vous – et d'autres – avez obtenu ce que vous vouliez en dépit des obstacles et des challenges, et énumérez-vous toutes les raisons pour lesquelles vous devriez y arriver.

Penser positif n'est pas une chose réservée aux seules personnes positives. En fait, c'est dans l'autre sens que ça marche : les personnes positives le sont parce qu'elles ont choisi d'avoir des pensées positives.

RÈGLE 17

Fuyez les empêcheurs de tourner en rond

J'ai connu un jeune homme à qui on a un jour proposé un emploi à Londres. Je ne sais pas si vous connaissez Londres, mais je peux vous dire que, quand on a grandi à la campagne, c'est une ville immense et effrayante. Il était assez angoissé à l'idée d'avoir à prendre le métro, à se repérer dans cette jungle urbaine et à y chercher un logement. Mais le poste qu'on lui proposait était exactement celui qu'il désirait et il en avait vraiment très envie.

Jusqu'au moment où il est rentré chez lui et a parlé de tout ça à son meilleur ami. Son meilleur ami s'inquiétait pour lui. « Mais comment tu vas faire pour t'y retrouver dans le métro bondé? Et où tu vas habiter? Tu n'arriveras jamais à te repérer. Et si tu n'as pas les moyens de payer un loyer? La vie est très chère à Londres. Moi, à ta place, je n'irais pas… », et ainsi de suite.

Eh bien, sans surprise, le jeune homme décida de ne pas accepter ce travail. Il était déçu, mais c'était plus facile que de faire face à toutes ces incertitudes effrayantes. Quelle avait été son erreur? Je vais vous le dire : il savait parfaitement comment son ami allait réagir. C'était très prévisible de sa part. Il aurait donc mieux fait d'aller parler à quelqu'un d'autre, quelqu'un qui lui aurait dit : « Mais quelle opportunité fantastique ! Et ce doit être tellement palpitant de vivre à Londres. Tu t'habitueras bien vite à la foule et à tes trajets en métro, ça va être super… »

Si vous vous sentez dans un état d'esprit négatif ou que vous êtes un peu paralysé par les défis à relever pour obtenir ce que vous voulez, ne restez pas en compagnie de gens qui vous conforteront dans ces idées négatives. Allez plutôt vers ceux qui vous encourageront sans retenue et qui vous aideront à penser positif.

RÈGLE 18

Dites tout haut ce en quoi vous croyez

Si vous voulez croire en quelque chose, il faut le dire tout haut. Répétez-vous haut et fort les mots adéquats. « Je mérite une augmentation », ou « Je décide de manger sainement », ou « J'améliore ma relation de couple », ou tout ce sur quoi peut porter votre objectif. Il se trouve que ça a plus de chances de marcher si vous le formulez au présent, et à l'affirmatif : ne dites pas : « Je ne dois pas me coucher tard », mais : « Je me couche tôt ». (Ne me demandez pas pourquoi, mais c'est ce que montrent les études sur le sujet.) Alors, trouvez une phrase qui exprime bien votre ambition, et vous vous rendrez compte bien vite que c'est ce que vous pensez vraiment.

Quelle que soit la phrase que vous avez choisie, répétez-la aussi souvent que vous le voulez – plusieurs fois par jour au moins. C'est l'une des bases de la pensée positive, car ça implique de revenir constamment à des idées positives. Il est bien connu que lorsqu'on entend souvent quelque chose, on commence à le croire. Eh bien, c'est l'occasion de mettre ce phénomène à votre profit.

Je ne dirai jamais assez souvent (ni assez haut ni assez fort) qu'obtenir ce qu'on veut dépend autant de l'état d'esprit dans lequel on est que de ce que l'on fait. Tout ce qui contribue à vous donner confiance en vous et à vous motiver est bon à prendre.

RÈGLE 19

Croyez en vous-même

Enthousiasme, optimisme, état d'esprit positif : tout ça, c'est contagieux. Vous le savez. Alors utilisez-les à votre avantage. Lorsque vous entrez dans une pièce, si vous croyez en vous-même, alors la personne à qui vous parlez croira en vous aussi. Et elle aura dix fois plus de chances de dire oui à ce que vous lui direz.

Mais il ne s'agit pas juste de la façon dont les autres vous voient. Il s'agit aussi de la façon dont vous vous voyez vous-même. Oui, exactement : encore une histoire d'état d'esprit. Si vous pensez que vous méritez ce que vous voulez, que vous en êtes capable, que c'est à votre portée – qu'il s'agisse de gagner suffisamment d'argent pour acheter une maison, de réparer votre couple, de posséder une Ferrari ou de devenir quelqu'un de moins anxieux – vous y arriverez. Et cette confiance en vous conduira à réussir là où vous n'auriez eu aucune chance si vous vous étiez attendu à échouer. Votre degré d'assurance n'est pas qu'un outil de motivation, il modifiera de toute façon l'issue des choses. Et ça, vous avez tout intérêt à y croire.

RÈGLE 20

Attendez-vous à des hauts et à des bas

Vous vous souvenez de cette liste de choses à faire pour pouvoir accéder à ce que vous voulez? Lorsque vous serez passé à l'action, vous vous rendrez compte que certaines se déroulent beaucoup mieux que prévu. Il s'avère que vos parents qui étaient en froid depuis des années sont finalement prêts à enterrer le passé et à s'asseoir à la même table, au moins le temps d'un repas de famille. Ils savaient que ce jour allait arriver, et avaient déjà décidé de mettre toute leur bonne volonté pour que la fête soit réussie. Quelle bonne surprise, après toutes les complications auxquelles vous vous attendiez… Mais ce que vous n'aviez pas prévu, c'est que le toit de la maison de votre sœur allait s'écrouler une semaine avant la date retenue, vous obligeant à louer un chapiteau à la dernière minute pour que la fête puisse avoir lieu tout de même, mais dans le jardin.

En toute chose, il y a des bonnes et des mauvaises surprises, des hauts et des bas, des bonus et des malus. Certains aspects de votre grand projet se passeront beaucoup plus facilement que vous n'auriez osé l'espérer, tandis que d'autres feront surgir des problèmes que vous n'aviez absolument pas prévus. Ce n'est pas grave. C'est la vie. Vous auriez dû prévoir l'imprévisible. (Mais non, je déteste cette expression, je dis ça parfaitement ironiquement.) Ne vous laissez pas abattre par les contretemps. Faites-leur face avec philosophie. Dites-vous en vous-même : « Ah, c'est un de ces imprévus comme je savais qu'il finirait par en arriver », et adaptez-vous. Oui, c'est pénible, mais non, il n'y a aucune raison pour que ça mette à l'eau tous vos projets.

RÈGLE 21

Sachez apprécier ce que vous avez obtenu

Un de mes amis a passé des années à économiser pour s'offrir une voiture de collection. Nous nous sommes vus quinze jours après qu'il l'a achetée. Et vous savez quoi? Il n'arrêtait pas de ronchonner et de chipoter dessus. Elle tombait sans cesse en panne, le levier de vitesse était mou, la capote était moisie par endroits, sa consommation d'essence était vertigineuse… Et elle ne rentrait pas dans son garage, sauf à entreprendre un grand rangement, ce dont mon ami n'avait pas le courage.

Ce que je trouvais particulièrement absurde là-dedans (comme je le lui ai dit), c'est que tout cela était très prévisible avec une voiture de collection. Ce qui fait d'ailleurs une grande partie de son charme. Ça n'a d'intérêt d'en avoir une que si on est prêt à la bichonner. En fait, il le savait, mais il n'en avait pas vraiment pris conscience.

Ce que je cherche à vous dire, c'est que, vu de l'extérieur, il n'avait pas du tout l'air de quelqu'un qui venait enfin d'avoir ce qu'il voulait. Il donnait même plutôt l'impression inverse. Alors, si vous êtes certain de vraiment vouloir ce que vous cherchez à obtenir, appréciez-le comme il se doit le jour où vous l'obtenez. Quelle importance que le levier de vitesse soit mou? Vous êtes maintenant l'heureux propriétaire d'une belle voiture de collection. Installez-vous derrière le volant, le coude sur la portière, tirez quelques bouffées sur votre cigare imaginaire et dites-vous que vous ne seriez pas là sans tous les efforts que vous avez faits.

Si vous vous rabattez sur un second choix, que vous n'inspectez pas la voiture dans le détail avant de l'acheter, ou que vous passez au désir suivant sans avoir terminé d'apprécier le résultat de celui-ci, tous vos efforts seront gâchés. Et vous vous considérerez comme une personne qui n'obtient pas ce qu'elle veut alors que c'est le contraire. Donc, détendez-vous, profitez, appréciez ce que vous avez obtenu. Vous l'avez mérité.

2

Soyez quelqu'un à qui on a envie de dire oui

La plupart des choses que nous désirons dans la vie nécessitent la coopération des autres. Que vous vouliez plus de soutien de la part de votre conjoint, que vos parents vous lâchent un peu la grappe ou que votre chef donne un coup de pouce à votre carrière, vous aurez besoin que quelqu'un vous dise oui pour pouvoir satisfaire vos objectifs, vos rêves et vos ambitions.

Et c'est là que certains sont avantagés d'office. Les gens ont tout simplement envie de leur dire oui. Ils ont ce je-ne-sais-quoi dans leur façon d'être qui inspire chaleur et sympathie. Quelle merveilleuse aptitude ! Car il s'agit bien d'une aptitude qui peut s'acquérir – et non d'un talent inné.

Dans les pages qui suivent, vous trouverez la description de stratégies que j'ai observées depuis plusieurs années et qui permettent d'avoir plus de chances d'obtenir une réponse positive. Non seulement elles vous aideront à atteindre votre objectif, mais elles feront de vous quelqu'un de plus agréable à côtoyer et vous permettront de tirer plus de plaisir de la vie et de vos échanges avec les autres. Elles sont une fin en soi, outre qu'elles vous seront très utiles pour obtenir ce que vous voulez.

RÈGLE 22

Ayez vraiment confiance en vous

Facile à dire… Mais peut-on savoir comment faire pour y arriver? Si vous êtes quelqu'un de timide ou d'anxieux, c'est bien beau de vous dire: « Aie confiance en toi! », mais ce n'est pas comme ça que ça marche dans la réalité, pas vrai? On ne peut pas juste appuyer sur un bouton et hop! avoir confiance en soi. Alors, quel intérêt de vous dire d'avoir confiance en vous pour de vrai?

Écoutez-moi bien. Avoir confiance en soi, c'est tout simplement savoir ce que l'on fait. Donc, mieux vous connaîtrez votre « script », plus vous aurez confiance – véritablement confiance – en vous. Il suffit de bien réfléchir à ce que vous faites et d'être clair là-dessus.

Imaginez que vous soyez le genre de personne qui déteste cette seconde d'hésitation au moment de dire bonjour: poignée de main ou pas poignée de main? Comment savoir si vous devez tendre la main ou pas? Mais qui a dit que c'était l'autre personne qui était chargée du script? Il vous suffit de décider que vous allez serrer la main de toute façon, et donc, dès que vous vous retrouvez en face d'un interlocuteur, vous lui tendez fermement la main avec un grand sourire. Vous voyez? C'est vous qui avez écrit le script, et vous savez exactement ce qu'il y a dedans. Donc, vous arrivez en ayant parfaitement confiance en vous. Et rien ne vous résiste.

Si vous savez que le moment d'hésitation sur la façon de dire bonjour à une personne vous met mal à l'aise, alors ayez tout simplement un script tout prêt à l'avance. Exercez-vous devant un miroir. Répétez le moment dans votre tête – repassez-vous les images comme si vous en étiez le spectateur. Décidez si vous allez opter pour la poignée de main, la bise, ou autre, et ayez une petite phrase de salutation toute prête, ou quelques questions pour lancer la conversation. Peut-être ne vous sentirez-vous pas en confiance sur absolument tout, mais vous vous sentirez en confiance sur les dix premières minutes, qui sont cruciales.

Les quelques premières fois où vous suivrez ce conseil, vous aurez peut-être l'impression de jouer un rôle mais, croyez-moi, ça deviendra rapidement une habitude, et votre confiance en vous sera bien vite aussi réelle qu'elle y paraît.

RÈGLE 23

Parlez clairement et posément

Montrer de l'assurance est le meilleur des éléments de persuasion. Si vous avez confiance en vous, les autres auront le sentiment qu'ils n'ont aucune raison de douter de vous, qu'ils peuvent compter sur vous en toute quiétude. Imaginez que vous vouliez gagner un projet serré au bureau. Si vous y allez en parlant dans votre barbe et en regardant le bout de vos pieds, vous mettez beaucoup moins de chances de votre côté que si vous commencez votre argumentaire d'une voix limpide et avec le sourire. Surtout si la personne avec qui vous êtes en concurrence est parfaitement sûre d'elle.

Il en va de même avec votre chef et vos collègues. S'ils vous perçoivent comme timide et peu sûr de vous, ils ne seront pas très sûrs de vous non plus. L'assurance, c'est contagieux. Si vous en avez, les autres auront eux aussi confiance en vous.

La façon dont vous parlez est une partie essentielle du personnage que vous êtes. Voici quelques conseils pour vous exprimer avec plus d'assurance :

- parlez clairement, sans marmonner ni à voix trop basse ;
- décidez à l'avance de la façon dont vous allez vous exprimer, de manière à savoir ce que vous avez à faire le moment venu ;
- avant toute conversation un peu épineuse, répétez devant un miroir ou en face d'un ami ;
- utilisez des mots positifs : non pas « Je crois que je devrais pouvoir faire ça », mais « Oui, je peux faire ça ».

Et souvenez-vous que, une fois le dialogue engagé, c'est à votre interlocuteur que vous devrez penser, pas à vous-même. Alors, dès que vous vous sentez vous écouter parler, reprenez-vous rapidement et obligez-vous à recentrer votre attention sur la personne que vous avez en face de vous.

RÈGLE 24

Adoptez la bonne gestuelle

Parfait, maintenant vous parlez avec assurance, vous saluez les gens d'une ferme poignée de main, en leur faisant la bise, ou autre, sans hésitation, en fonction de ce que vous trouvez approprié. Et maintenant… il faut vous assurer que votre langage corporel s'accorde avec votre voix sereine et déterminée.

Je sais bien que, quand vous êtes au beau milieu d'un échange houleux ou d'une réunion importante, ce n'est pas le meilleur moment pour vous soucier de votre langage corporel. Alors prenez les bonnes habitudes tout de suite et pour chaque rencontre, quelle qu'elle soit. Comme ça, au bout d'une ou deux semaines, vous n'aurez plus à y réfléchir et ça deviendra une seconde nature. Ce n'est pas aux gens timides et mal assurés, qui semblent juste prendre un peu plus sur eux que d'habitude, qu'on a envie de dire oui, mais aux gens qu'on sent déterminés de façon constante et sûrs d'eux-mêmes.

C'est bien simple : l'objectif est de devenir quelqu'un qui se comporte avec assurance en toutes circonstances. Ainsi, chaque fois que vous aurez besoin d'obtenir quelque chose de qui que ce soit, vous serez déjà vu sous votre meilleur jour avant même de demander. Alors regardez les gens droit dans les yeux, montrez-vous intéressé et adoptez une posture détendue et ouverte. Ce n'est pas difficile : les bras le long du corps ou les mains sur les genoux, et non les bras croisés ou les mains devant le visage. Installez-vous bien au fond de votre chaise, adossez-vous, ne restez pas nerveusement recroquevillé sur le bord – vous voyez le principe. Observez autour de vous ceux qui ont l'air détendu et confiant, ceux dont ce n'est pas le cas, et pourquoi.

Maintenant, vous avez confiance en vous, vous êtes chaleureux, plein d'aisance, avenant… Comment pourrait-on vous refuser quoi que ce soit?

RÈGLE 25

Apprenez à dire non

Vous aurez bien du mal à obtenir qu'on vous dise oui si vous ne savez pas dire non aux autres. Ça semble n'être pas juste, n'est-ce pas? Sauf qu'il n'est pas forcément nécessaire de dire non aux mêmes personnes que celles dont vous voulez un oui. Ce qu'il y a, c'est que souvent, ce que vous voulez prend du temps. Ce dont il est assez difficile de s'accommoder si vous ne savez pas dire non. Ou peut-être avez-vous besoin d'avoir la paix (n'est-ce pas notre cas à tous?), sans doute parce que vous traversez une période particulièrement stressante et que vous ne voulez surtout pas vous mettre dans une situation compliquée ou délicate.

Vous connaissez cette citation: « Si vous voulez obtenir quelque chose, adressez-vous à quelqu'un de très occupé: les autres n'ont pas le temps »? C'est vrai principalement parce que les gens les plus occupés sont en général ceux qui ont le plus de mal à dire non, donc ils vous diront toujours oui. Alors écoutez-moi bien: vous ne voulez pas être cette personne.

Mais ne prenez pas non plus ça comme une excuse pour ne jamais rien faire pour personne. Ce n'est pas du tout ce que je veux dire. Il faut juste que vous fassiez des choses pour les autres pour les bonnes raisons, pas parce que vous n'avez pas trouvé le courage de leur dire non.

Il est primordial que vous compreniez le rapport entre le fait de dire non et celui d'obtenir ce que vous voulez. Je ne dis pas que c'est vital dans tous les cas de figure, mais il y a des tas de choses que vous aurez du mal à accomplir si vous n'avez pas l'esprit libre ou un créneau vacant dans votre agenda. Comment allez-vous organiser ces vacances en groupe, ou dégager du temps pour suivre des cours du soir, ou écrire le rapport qui séduira votre chef, ou trouver le temps de méditer, ou quoi que ce soit, si vous courez dans tous les sens à essayer désespérément de faire toutes les choses que vous avez promis de faire juste parce que vous n'avez pas su dire non?

RÈGLE 26

Proposez une alternative

Les gens qui n'aiment pas dire non ont en général l'impression que c'est grossier ou égoïste de refuser quelque chose à une personne qui la leur demande. Ça semble si difficile de dire non – on se dit qu'on devrait essayer d'aider les autres, pas de leur barrer la route.

Très bien. Pour autant, rien ne vous empêche de les aider quand même. Mais ne le faites pas en leur disant oui. Ils croient peut-être que c'est ce qu'ils veulent, mais ils se trompent. Imaginez qu'une voisine vous demande de garder son enfant, mais que vous n'ayez vraiment pas le temps. Vous avez l'impression de lui faire défaut si vous lui dites non? Pas du tout... parce que, en fait, elle n'a pas besoin que *vous* gardiez son enfant. Elle a juste besoin que *quelqu'un* le fasse. Si vous pouvez lui proposer une solution qui ne vous implique pas, alors tout le monde est gagnant.

Vous pouvez donc lui dire : « Moi, je ne peux pas, mais as-tu demandé à Julie ? », ou : « Ce soir ce n'est vraiment pas possible, mais je peux mercredi prochain si ça peut t'aider ? »

Supposons qu'un de vos collègues vous demande de le remplacer pour qu'il puisse prendre une journée de congé la semaine prochaine. Vous avez trop de travail, mais vous pouvez tout de même lui rendre service : « Pas la semaine prochaine, non. Mais je peux te remplacer après le 25, par contre », ou : « J'ai trop de travail, mais je peux m'occuper de tes commandes en même temps que des miennes, si tu veux. »

Cela dit, vous avez bien sûr parfaitement le droit de dire non. J'essaie juste de vous aider au cas où vous auriez du mal à le faire. Et puis, si votre voisine ou votre collègue repart avec le sentiment que vous l'avez aidé – même si vous n'avez en fait pas accédé à sa demande initiale –, vous aurez plus de chances d'avoir sa coopération la prochaine fois que vous aurez besoin de son aide pour obtenir ce que vous voulez.

RÈGLE 27

Jouez au disque rayé

Tout le monde n'accorde pas forcément autant d'importance que vous à ce que vous voulez. Passez-vous beaucoup de temps à aider les autres à atteindre leur objectif? J'espère que ça vous arrive, mais sans doute vous préoccupez-vous essentiellement de vos affaires à vous. Eh bien, c'est la même chose pour tout le monde. Les autres n'accorderont pas autant d'attention que vous à ce que vous voulez, et il se peut qu'il faille que vous le leur rappeliez.

D'ailleurs, il se peut que vous-même ayez besoin qu'on vous le rappelle. Quand tout va bien au travail, que le soleil brille, qu'aucune grosse facture n'est arrivée dernièrement, que votre couple marche comme sur des roulettes et qu'il n'y a aucun nuage à l'horizon, vous pouvez facilement laisser les choses suivre leur cours. Et puis vous réalisez soudainement que les mois ont passé, ou que des problèmes sont sur le point de surgir, et que vous n'avez toujours pas ce que vous voulez.

Alors rappelez régulièrement à vous-même, à votre conjoint, à votre chef, ou à ceux qui doivent le savoir, que vous n'avez rien perdu de vue. Rappelez à votre chef une fois tous les mois ou tous les deux mois que vous avez à cœur de trouver un rôle qui implique de passer plus de temps au contact de la clientèle. Continuez de demander à votre conjoint (sans non plus le/la tanner en permanence) qu'il/elle arrive à s'organiser pour rentrer plus tôt du travail. Assurez-vous que votre sœur a les choses bien en main pour cette grande réunion de famille qui doit avoir lieu chez elle, et vérifiez en quoi elle pourrait avoir besoin de votre aide.

Si vous ne faites pas ça, comment tout le monde (vous, y compris) saura-t-il que vous n'avez pas capitulé et que ça reste encore et toujours très important à vos yeux?

RÈGLE 28

Ne soyez pas désolé pour rien

Certaines personnes sont programmées pour s'excuser en permanence. Juste pour maintenir la paix, je suppose. Je ne sais pas vraiment – je dois dire que ça ne fait pas partie de mon tempérament. Mais je vois bien que c'est une manière de se montrer conciliant, ce qui devrait être une bonne chose en théorie. Cependant, il n'y a rien de bon à s'excuser à l'excès. Je connais des gens qui demandent pardon quand quelqu'un leur rentre dedans, ou qui s'excusent pour des malentendus clairement dus au manque d'attention de leur interlocuteur, ou qui sont navrés de servir un plat « brûlé » alors que personne n'avait remarqué que ça avait un peu bruni sur le dessus, ou qui demandent pardon de livrer un rapport en retard alors que les instructions ont été modifiées deux jours avant la date à laquelle il était attendu.

Si ce n'est pas votre faute, ne vous excusez pas. Vous pouvez exprimer le regret que les choses se passent ainsi, vous pouvez reconnaître les désagréments occasionnés, mais ne demandez pas pardon quand vous n'avez rien à vous reprocher.

Vous vous demandez peut-être quel rapport il y a avec le fait d'obtenir ce que vous voulez. Eh bien, je vais vous le dire. C'est encore une histoire d'assurance. Les gens ont beaucoup plus de chances de croire en vous, de vous respecter et de vous faire confiance si vous vous présentez comme quelqu'un de fiable, d'assuré et de déterminé. Ce qui n'est pas vraiment une révélation, non? Si vous passez votre temps à vous excuser, vous donnez implicitement l'idée que vous faites sans cesse des erreurs. Pourquoi votre banquier vous ferait-il un prêt, votre chef vous accorderait-il une promotion, votre père vous prêterait-il sa voiture, votre copain partirait-il en vacances avec vous, votre voisin vous laisserait-il rabattre d'un mètre la haie entre vos deux jardins, s'ils ont l'impression que vous n'arrêtez pas de tout mal faire?

RÈGLE 29

Dites les choses comme vous les pensez

Un jour, j'ai entendu quelqu'un proposer à une amie assez mal à l'aise avec les mots de lui rendre un service, et cette amie a refusé d'une façon si alambiquée que la personne a compris qu'elle avait accepté, et a donc fait ce qu'elle avait proposé. L'amie lui en voulait d'avoir fait le contraire de ce qu'elle avait dit – n'ayant tout simplement pas réalisé à quel point elle avait été ambiguë. Voici la façon dont s'est déroulée la conversation. Appelons-les Sam et Alice :

Sam : « J'emmène Chloé faire de la balançoire au parc. Je pourrais emmener Esther aussi, si ça te va ? »

Alice : « Ah, c'est très gentil de me le proposer. Tu sais, je ne suis pas forcément à l'aise avec ça. Je me dis toujours que je devrais la surveiller moi-même. Mais je suis sûre que c'est idiot de ma part. Je veux dire, qu'est-ce qui peut se passer ? Je sais qu'il ne devrait y avoir aucun souci. »

Alice voulait dire non, mais Sam a compris oui. Elle aurait pu tout simplement dire non, mais elle avait peur que ça soit pris comme un refus ingrat de la proposition de Sam, donc elle a tellement tortillé à essayer de se justifier qu'elle a fini par ne pas dire non du tout. Au final, Alice a disparu cinq minutes dans la cuisine, et, quand elle est revenue, elle a commencé à paniquer parce qu'elle ne trouvait plus Esther nulle part. Je lui ai dit que Sam avait emmené Esther et Chloé au parc. Alice était atterrée que Sam l'ait fait alors qu'elle avait dit non. Mais ni Sam ni moi ne l'avions entendue dire non.

Donc gardez à l'esprit la morale de cette petite fable Si vous faites partie de ces gens qui ont beaucoup de mal à dire non purement et simplement, prenez sur vous. Vous pouvez tout de même expliquer votre choix si vous en ressentez le besoin, mais veillez à dire non de façon très claire dès le départ.

RÈGLE 30

Réfléchissez avant de parler

Peut-être n'avez-vous pas peur de dire les choses telles que vous les pensez. Peut-être au contraire savez-vous que, loin de faire des chichis, vous pouvez être un peu brusque quand vous avez quelque chose à dire. Soit qu'il s'agisse des mots que vous choisissez ou de la manière dont vous vous exprimez. Ou les deux. Êtes-vous du genre à appeler un chat un chat, ou bien est-ce plutôt que vous cherchez à être poli et que parfois une maladresse vous échappe?

Quoi qu'il en soit, vous devez avoir remarqué que ça ne vous aide pas à obtenir des autres ce que vous voulez. Si vous souhaitez que quelqu'un vous dise oui, vous avez tout intérêt à lui faciliter les choses. Vous avez même tout intérêt à ce que ça lui soit difficile de dire non. Vous avez intérêt à vous faire apprécier et respecter, pour que cette personne ait envie de vous soutenir, et à exprimer votre requête de telle manière que ça lui semblerait grossier de refuser.

Donc, si vous avez quoi que ce soit à dire qui pourrait offenser ou agacer quelqu'un, mettez vos idées au clair avant d'entamer la conversation, pensez à éviter les attaques personnelles et les reproches, et attachez-vous à vous focaliser sur la situation et non sur les personnes. Enfin, promettez-vous, si nécessaire, de la boucler une fois que vous aurez vidé votre sac.

C'est là une règle à ne pas négliger lorsqu'on a quelque chose à demander, mais, à la base, ce livre est là pour expliquer comment obtenir quelque chose sans avoir à le demander. Je ne parle donc pas uniquement des demandes directes, je parle de tous les échanges que vous pouvez avoir avec les personnes que vous souhaitez voir bien disposées avec vous. Si vous rabaissez involontairement votre collègue au cours de la réunion de cette semaine, il/elle aura beaucoup moins envie de vous proposer son aide la semaine prochaine quand vous serez un peu débordé. Si vous répondez de façon acariâtre à votre voisine qui vous demande de garder son enfant, il y aura moins de chances qu'elle vous propose de veiller sur votre progéniture la prochaine fois que vous voudrez sortir.

RÈGLE 31

Soyez prêt à être en désaccord

Quand on n'est pas d'accord avec quelqu'un, il est parfois nécessaire de le dire. Du moins si on veut gagner son respect (et on a plus de chances de dire oui à quelqu'un pour qui on a du respect, n'est-ce pas?). Si vous êtes capable de défendre votre point de vue de façon posée et sans rancœur, les gens prendront le temps de vous écouter à l'avenir, puisque vous saurez exprimer sans détours votre avis plutôt que d'ânonner ce que vous pensez qu'ils veulent entendre.

C'est aussi une question de loyauté. Parfois, vous êtes sincèrement convaincu que quelqu'un cautionne des faits que vous considérez inacceptables d'un point de vue moral ou éthique, et lorsque ça arrive, vous ne pouvez que vous y opposer. Imaginez qu'il y ait une affaire de chapardage au bureau et que tout le monde se montre très froid avec Pauline parce qu'elle est tenue pour coupable. Mais vous savez que ce sont simplement les apparences qui sont contre elles, et ça vous fend le cœur de voir Pauline injustement malmenée. Vous n'arrivez pas à vous taire – il vous faut exprimer votre désaccord.

Quand on a un peu de bon sens, on est toujours prêt à entendre quelqu'un exprimer son désaccord tant qu'il le fait de la bonne manière. Oui, je sais qu'il y a toujours des gens qui n'ont pas vraiment de bon sens, mais vous pouvez au moins veiller à faire de votre mieux, et tous ceux qui vous aurons écouté ne vous en estimeront que davantage. La clé pour exprimer son désaccord en toute sérénité est de s'opposer à ce que la personne dit, et non à la personne elle-même. Je sais que ça peut paraître subtil, mais ça change tout à la façon dont la personne réagira.

Il est toujours préférable d'éviter de critiquer directement une personne, alors ne dites pas des choses comme : « Non ! », ou : « Tu as tort », ou : « Tu prends le problème à l'envers. » Efforcez-vous de commenter ce qui a été dit et de le faire sous forme d'opinion, aussi ferme puisse-t-elle être : « Je ne pense pas que ça marche comme ça », ou : « Je suis assez certain que nous allons vers une impasse si nous faisons ça. » Vous voyez ? Il faut se concentrer sur le raisonnement, pas sur son auteur.

RÈGLE 32

Restez maître de vos émotions

Il est beaucoup plus difficile de discuter avec certaines personnes qu'avec d'autres. Vous le saviez déjà mais peut-être en ignorez-vous la raison. Ce qui empêche les interactions entre personnes d'être simples, claires et efficaces, ce sont les émotions. Les émotions négatives, pour être plus précis. Et plus ces émotions sont extrêmes, plus elles sont un obstacle à la communication. Lorsque la personne avec qui vous échangez est en colère, contrariée, nerveuse, blessée, déçue, à fleur de peau, stressée, frustrée, amère, anxieuse – c'est dans ces moments-là que c'est le plus difficile d'obtenir ce qu'on veut.

Et devinez ce qui complique deux fois plus encore les choses? C'est lorsque les deux personnes sont en proie à leurs émotions. Avec deux personnes en colère, contrariées, amères ou inquiètes, on se retrouve avec deux fois plus de problèmes, si ce n'est plus.

Donc, la première chose que vous pouvez faire pour apaiser ces conversations encombrées par l'émotion est de veiller à garder le contrôle sur vos propres émotions. À vrai dire, il ne s'agit pas de savoir si vos émotions sont justifiées ou non, je ne suis là que pour vous montrer comment aboutir au résultat que vous voulez.

Bien entendu, je sais que ce n'est pas toujours facile, mais restez concentré sur votre objectif et reconnaissez que garder son calme est le meilleur moyen de l'atteindre, et ça devrait vous aider à contenir vos émotions. Si vraiment vous sentez qu'elles vous débordent, quittez la pièce et n'y revenez que quand vous savez que vous pouvez mener cette conversation en restant maître de vous-même. Il y a de nombreuses façons de gérer les émotions des autres, mais vous aurez bien du mal à le faire si vous n'arrivez pas à maîtriser les vôtres.

RÈGLE 33

Exprimez-vous

Je viens de dire que vous devez contrôler vos émotions. Cela ne veut pas dire que vous ne devez jamais exprimer ce que vous ressentez. Mais faites-le plutôt par les mots que par l'humeur. Bien entendu, il y a des moments où il est important de faire savoir à quelqu'un que vous êtes déçu, ou en colère, ou blessé, ou frustré. On vous donnera plus facilement ce que vous voulez si on comprend ce que vous ressentez. Cependant, ça n'avancera à rien de crier, de bouder ou d'éclater en sanglots.

La meilleure façon de faire savoir à quelqu'un que vous êtes en colère est d'une simplicité absolue. Il faut dire : « Je suis en colère. » C'est tellement mieux que de crier sur quelqu'un. Personne ne veut aider quelqu'un qui le menace – ou qui le rejette, ou qui le rabaisse, ou qui lui met une pression affective, ou qui le met mal à l'aise. Alors ne faites rien de tout ça aux gens que vous voulez avoir de votre côté.

Et même, pour aller plus loin, dites : « Je suis en colère quand… », puis expliquez ce qui vous pose problème. Cette phrase est commode car elle n'accuse personne : elle pointe du doigt le comportement d'une personne, et non pas la personne elle-même. Personne n'a envie d'entendre : « Je suis en colère parce que tu es irresponsable / parce que tu ne m'écoutes pas / parce que tu agis dans ton propre intérêt. » Ce qui est beaucoup plus facile à entendre, c'est : « Je suis en colère quand j'ai l'impression de ne pas être entendu / que mes intérêts ne sont pas pris en compte. » C'est juste un moyen moins conflictuel et plus constructif d'arriver à vous faire écouter d'une personne.

RÈGLE 34

Ne faites pas de chantage affectif…

Personne n'aime subir un chantage affectif. Certains peuvent y céder, surtout si la fermeté n'est pas leur fort, mais ils ont tout de même conscience du procédé. Sachant cela, il y a une chance sur deux qu'ils vous disent non. J'ai personnellement très peu d'indulgence pour le chantage affectif et, même quand la demande est légitime, ça me donne envie de refuser parce que je n'admets pas de me faire manipuler.

« Je serai vraiment dans la mouise si tu ne m'aides pas… », « Est-ce que je peux prendre mon vendredi après-midi? C'est le jour du spectacle de danse de ma fille et elle sera très déçue si je n'y suis pas… », « Allez, sortons ce soir, j'ai passé une semaine épouvantable, j'ai vraiment besoin de sortir, et je n'ai personne d'autre pour m'accompagner », etc. Toutes ces demandes seraient acceptables si elles étaient exprimées sans pression émotionnelle. Il n'y a aucun problème à expliquer que vous voulez prendre votre vendredi après-midi pour assister au spectacle de danse de votre fille, mais abstenez-vous de jouer sur les sentiments en sous-entendant que, si votre chef refuse, il sera personnellement responsable de la déception de votre fille.

Le chantage affectif est un moyen sournois et lâche d'essayer d'arriver à ses fins, et j'ai pu constater que les gens qui y ont recours obtiennent peut-être ce qu'ils veulent sur le moment, mais finissent par être perdants à long terme. Je n'ai aucune envie d'avoir ce type de rapports avec les autres, et j'espère que vous non plus.

D'ailleurs, ça ne vous apportera pas ce que vous voulez vraiment, puisqu'il y a des chances que ça fasse de vous quelqu'un à qui on a envie de dire non, même quand toutes les raisons sont là pour vous dire oui.

RÈGLE 35

... et n'y cédez pas

Il faut également éviter la situation inverse : être dans la peau de celui qui subit un chantage affectif. Sans quoi vous vous retrouverez à dire oui à des choses pour lesquelles vous n'avez pas le temps ni l'enthousiasme, juste parce qu'on vous a piégé en vous faisant culpabiliser. Certains, comme moi, arrivent facilement à éviter ce piège. Le chantage affectif m'agace et j'y coupe court bien vite. Mais si vous n'avez pas le tempérament le plus ferme qui soit, ou que vous êtes vulnérable à la culpabilité, ça peut être plus difficile.

La première chose est de savoir identifier le chantage. Si vous vous sentez coupable ou mal à l'aise vis-à-vis de quelqu'un, demandez-vous si cette personne n'exerce pas un chantage affectif sur vous. Si la réponse est oui, concentrez-vous sur ce fait, et non pas sur la culpabilité qu'on essaie d'instiller en vous. C'est bien simple : le chantage affectif n'est pas un procédé adulte et responsable. C'est une façon malhonnête de manipuler les autres, et ceux qui y ont recours ne méritent pas qu'on leur donne ce qu'ils demandent, même quand leur demande est par ailleurs justifiée. Ils se disqualifient eux-mêmes en trichant.

Maintenant, efforcez-vous de mettre en œuvre une technique de résistance pour leur dire non, comme la technique du disque rayé. Il peut parfois être bon de les mettre face à leurs responsabilités, surtout si vous arrivez à le faire avec humour : « Attention, si tu continues, je pourrais avoir l'impression que tu essaies de me faire du chantage affectif… »

Et si ça ne vous aide pas à résister, pensez à ceci : chaque fois que vous cédez à un chantage affectif, vous encouragez la personne à recommencer. Donc vous devenez en partie responsable du malaise de la prochaine personne qui se fera prendre par les sentiments, et de la suivante… ou bien suis-je en train de vous faire culpabiliser injustement ?

RÈGLE 36

Traitez les autres avec respect

Tout le monde mérite le respect, et d'ailleurs tout le monde le désire. Si vous gardez ça à l'esprit, il y aura beaucoup plus de chances pour que les gens soient de votre côté, et aient envie de vous aider lorsque vous en avez besoin.

Combien de voisins, patrons, parents ou collègues vous ont-ils déjà traité avec mépris ou négligence ? Il se peut qu'ils ne daignent pas vous écouter quand vous parlez, qu'ils vous ignorent parce que vous êtes plus jeune qu'eux, qu'ils partent du principe que vous devez faire des choses pour eux sans même avoir à vous les demander, ou encore qu'ils ne vous remercient jamais pour rien. J'ai eu un jour un chef qui s'octroyait le mérite de toutes mes idées. Je connais des gens capables de se mettre en colère contre quelqu'un juste parce qu'ils ne sont pas d'accord avec lui. J'ai aussi eu une collègue qui ne voulait pas me faire un café parce que j'étais un peu plus jeune qu'elle.

Mais, à côté de ça, il m'est aussi arrivé d'avoir un client important qui a insisté pour me faire un café sous prétexte que j'avais un planning beaucoup plus serré (pardon, je n'ai pas pu résister au jeu de mots...) que lui à ce moment-là. J'ai eu d'autres chefs par le passé qui faisaient en sorte que mes idées soient reconnues (dont une qui ne le faisait que lorsque ces idées s'avéraient bonnes, et gardait le discrédit pour elle quand elles s'avéraient foireuses), et des voisins qui m'ont apporté des cadeaux pour me remercier de services tout ce qu'il y a de plus élémentaires.

Personnellement, je sais très bien, parmi ces gens-là, lesquels j'aurais envie d'aider, et ceux pour lesquels je n'aurais aucune envie de me fatiguer. Il devient d'autant plus important de traiter les gens avec respect à mesure qu'on vieillit, que ce soit au travail, en famille, en tant que parent d'élève, ou en tant que citoyen. Les gens sont particulièrement sensibles au fait d'être ignorés ou méprisés par ceux qui sont plus âgés qu'eux. Donc, même si vous ne pensez pas à mal mais que vous êtes simplement préoccupé ou débordé, veillez à ne jamais oublier de montrer aux autres qu'ils ne sont pas quantité négligeable à vos yeux.

RÈGLE 37

Ayez du temps à accorder aux autres

À une époque, je travaillais avec une collègue qui courait sans cesse après le temps. Quand elle passait un coup de fil, c'était sur le quai d'une gare, et elle devait raccrocher quand son train arrivait. Ou bien elle était en train de préparer le dîner et mettait son interlocuteur en attente le temps de regarder dans le four. Ou bien elle était devant le portail de l'école de son fils et devait raccrocher parce qu'il venait de sortir.

Quand c'était moi qui l'appelais (ce que j'essayais d'éviter parce que je trouvais qu'il était difficile de tenir une conversation suivie avec elle), elle me demandait de la rappeler plus tard. Résultat, elle donnait à tout le monde l'impression d'être le cadet de ses soucis dans sa vie si bien remplie. On passait toujours après le train, le four, son fils (pour ce dernier point, c'est beaucoup plus normal). C'était très irrespectueux, agaçant, et témoignait d'une attitude condescendante.

Bien entendu, je sais qu'il y a des moments où vous êtes vraiment occupé. Mais inutile de passer des coups de téléphone (ou d'engager tout autre contact) dans ces moments-là, pour ensuite les interrompre abruptement. Vous avez parfaitement le droit d'avoir des moments dans lesquels vous signifiez d'entrée que vous n'êtes pas disponible pour parler.

Mais veillez à avoir aussi tout plein d'autres moments où vous êtes disposé à bavarder sur le pas de votre porte, ou autour d'un thé, ou près de la photocopieuse. C'est dans ces moments-là que l'on apprend à bien se connaître, et que vous pouvez montrer aux autres, simplement en leur accordant du temps, que vous les estimez. C'est ce genre de chose qui mettra les autres de votre côté, sans compter que ce temps est bénéfique en lui-même parce qu'il s'agit de moments agréables pour chacun.

RÈGLE 38

Sachez vous faire apprécier

Si les gens vous apprécient il y aura beaucoup plus de chances qu'ils aient envie de vous aider, et même avant que vous ayez eu le temps de le leur demander. Après tout, c'est comme ça que vous êtes avec les autres, non?

Vous faire apprécier ne devrait pas être très difficile. Vous n'avez pas besoin d'être la star ou le meilleur ami de tout le monde. Vous pouvez être quelqu'un de discret et d'appréciable aussi, vous savez. D'ailleurs, si vous y réfléchissez, vous appréciez sans doute quelques personnes avec lesquelles vous n'avez en fait pas grand-chose en commun, ou même qui peuvent légèrement vous agacer, tant que ça reste assez inoffensif: un peu trop bavards, ou un peu trop puérils ou maniérés, ou qui ne tiennent jamais en place suffisamment longtemps pour avoir une vraie conversation.

Pour se faire apprécier, il suffit d'être sincère, décontracté et aimable. Un sourire chaleureux, une façon d'être conciliant, ne pas bouder ni manipuler les autres, pas de réactions caractérielles ni de sautes d'humeur intempestives.

Par ailleurs, efforcez-vous d'être une personne franche et entière. Dites les choses comme vous les pensez, sans parler dans le dos des autres, sans les trahir, et sans arrogance. Pensez aux personnes que vous appréciez – pas vos meilleurs amis mais des gens que vous connaissez moins bien et que vous appréciez tout simplement. Vous vous rendrez sans doute compte qu'ils correspondent de façon générale à la description: de la franchise, un contact facile, une oreille attentive (sachant parler d'autre chose que d'eux-mêmes), avec lesquels vous n'avez pas sans cesse peur de dire une bêtise, ou qui ne vous mettent pas mal à l'aise parce que vous avez l'impression que vous n'arrivez pas à les cerner.

RÈGLE 39

Faites preuve d'humour

Je ne suis pas sûr qu'on puisse vraiment acquérir le sens de l'humour. Malheureusement, ça ne s'achète pas. Chacun en a un différent, et il est plus marqué chez certaines personnes. Certains d'entre nous ont quelque chose qui se rapproche plus du sens de la décontraction que du sens de l'humour. Ce qui est très bien. Ce que je veux dire ici, c'est que, quel que soit votre sens de l'humour, montrez-le – du moins tant qu'il n'est pas trop vachard ou cruel.

Certaines personnes ont l'impression que faire de l'humour peut nuire à leur crédibilité ou à leur autorité. Ils laissent leur sens de l'humour à la porte lorsqu'ils sont au travail, ou en conseil municipal, ou à l'assemblée générale de leur association.

Pour ma part, je trouve que c'est le rire qui fait que la vie vaut la peine d'être vécue. Et plus vous arriverez à faire rire les autres, mieux ils seront disposés envers vous. Et c'est pour ça qu'on est là. Faites rire les autres et ils seront prêts à tout pour vous.

Mais ça ne s'arrête pas à ça, en fait. Ce que l'humour a de particulier, c'est qu'il nous permet de nous distinguer les uns des autres : chacun de nous a un sens de l'humour si unique que, plus nous l'utilisons, plus il définit notre personnalité – de façon positive. Lorsque vous faites taire votre humour, vous perdez une grande partie de vous-même. Alors laissez-le s'exprimer pleinement, n'ayez pas peur de voir le côté amusant des choses, et aidez les autres à le voir aussi.

RÈGLE 40
Soyez honnête

Vous savez parfaitement que tout le monde préfère avoir affaire à des collègues et à des amis honnêtes. Le problème, c'est que la plupart des gens malhonnêtes vivent dans l'illusion qu'ils peuvent tromper leur monde impunément. Si tout le monde pense que vous êtes honnête, eh bien, ça revient au même que d'être réellement honnête, non? Si on met de côté l'aspect moral de la question, alors oui, ça revient probablement au même. Sauf que tout le monde ne le pense pas.

Je ne parle pas des quelques fois où vous mettez votre retard sur le compte des embouteillages, alors que vous savez très bien que c'est votre faute parce que vous avez calculé votre timing un peu trop juste. Je parle de malhonnêteté préméditée. Du procédé qui consiste à avancer ses pions de façon déloyale. À utiliser le mensonge pour fuir ses responsabilités. À recourir à des procédés tordus pour arriver à ses fins.

Ne vous imaginez pas une minute que ça passera et que personne n'y verra que du feu. Bien entendu, ça peut très bien marcher sur le moment, dans certains cas. Vous êtes peut-être même assez intelligent pour y parvenir de façon répétée. Mais les autres sentent que vous n'êtes pas honnête, et cela les dissuadera de vous aider. Soit que votre langage corporel en dise trop, soit que vous soyez trop poli pour être honnête, soit encore que vous vous soyez trahi par un petit détail que vous aviez négligé. Peut-être que ça ne saute pas aux yeux, peut-être que personne n'en a la preuve – ni même des indices –, mais les autres le sentiront et, d'instinct, ne vous feront pas confiance.

Il vaut bien mieux vivre une vie qui ne nécessite pas de mentir, de tricher, de trahir ni de manipuler. Soyez simplement honnête – est-ce si difficile?

RÈGLE 41

Pensez à dire merci

Quand j'étais petit, on m'a appris à toujours dire merci, et aujourd'hui je serais très mal à l'aise de ne pas le faire, de la même façon que je me sentirais désagréablement gêné si je ne me brossais pas les dents au début de chaque journée. D'ailleurs, ma mère, qui m'a inculqué cette habitude, a un jour reçu deux mauvais points de sa maîtresse à l'école : le premier pour s'être mal conduite, le second pour avoir eu l'insolence de dire merci pour le premier. Elle expliqua qu'on lui avait appris à toujours dire merci lorsqu'on lui donnait quelque chose. La maîtresse n'a pas apprécié le sens de l'humour de ma mère.

Pourtant, ma mère avait raison (du moins sur le principe). On ne remarque peut-être pas toujours les moments où l'on devrait remercier quelqu'un, mais on remarque très bien ceux où quelqu'un oublie de nous remercier. Alors évitez à tout prix de laisser les efforts des autres sans reconnaissance. Même pour les toutes petites choses – personne ne viendra se plaindre et affirmer qu'il ne voulait pas être remercié.

Lorsque vous remerciez quelqu'un, vous lui apportez de la satisfaction, vous lui permettez de se sentir estimé, apprécié et respecté. Vous lui donnez le sentiment que cela valait la peine de faire quelque chose pour vous. Et donner cette impression-là à quelqu'un ne peut être qu'une bonne chose en elle-même. En outre, ça lui donne le sentiment qu'il serait content de faire quelque chose pour vous une autre fois, puisqu'il sait que ses efforts seront reconnus.

RÈGLE 42

Ne jouez pas les superhéros

Certaines personnes arrivent à se sortir de toutes les situations. Le monde peut s'écrouler autour d'eux, ils réussiront toujours à faire face. Ils parviennent à concilier un travail prenant, une famille parfois nombreuse, et en plus à faire du bénévolat, à être membre d'une ou deux associations, et à trouver tout de même le temps de jouer au tennis deux fois par semaine. Ils font clairement partie des infatigables, des gagnants, et ils ne semblent avoir besoin de l'aide de personne pour se débrouiller. Alors personne ne leur propose d'aide. Évidemment. D'ailleurs, si vous voulez vraiment faire avancer les choses, c'est à eux qu'il faut en demander. Ce qui est merveilleux, à moins que vous ne fassiez partie de ces gens-là – et que vous cherchiez de l'aide. Personne ne viendra vous en proposer, vous savez. Tout le monde part du principe que vous n'en avez pas besoin. Et que, sans doute, puisque vous en demandez, vous pourriez effectivement apprécier un peu d'aide dans un monde idéal, mais ils ne se sentent nullement obligés de le faire, parce que vous n'en avez pas vraiment besoin. Vous allez vous en sortir. Comme toujours.

Quelle est la morale de l'histoire? Eh bien, si vous voulez que les autres vous aident à obtenir ce que vous voulez, ne donnez pas l'impression que vous n'avez pas besoin d'aide. Arrêtez de vouloir donner de vous l'image de quelqu'un qui peut tout surmonter, et laissez entrevoir de temps à autre un peu de fragilité – somme toute bien humaine. Vous n'en serez probablement que mieux apprécié. Les gens qui arrivent à tout faire sans l'aide de personne sont un peu effrayants, à bien y réfléchir.

RÈGLE 43

Faites-en toujours un petit peu plus

Celle-ci, c'est une de mes stratégies préférées. J'adore lire la surprise sur le visage des gens quand ils s'aperçoivent que j'en ai fait plus que ce que j'avais promis. Ça m'apporte une profonde satisfaction, ça leur apporte une satisfaction non moindre, et tout le monde y gagne. Que demander de plus?

Le principe est simple: quel que soit ce à quoi vous vous engagez, faites-en un tout petit peu plus. Vous voulez des exemples?

Lorsque vous allez chez vos voisins pour garder leurs enfants, faites aussi la vaisselle que vous trouvez dans la cuisine. Si vous dites que vous terminerez votre rapport pour jeudi, livrez-le mardi. Si votre femme s'attend à ce que vous l'invitiez à dîner pour son anniversaire, offrez-lui en plus un bouquet de roses. Lorsque vous empruntez la voiture de votre père, allez la faire laver avant de la lui rendre. Si un ami vous demande de venir le soutenir après un coup dur, apportez-lui en plus un ou deux repas tout préparés à mettre dans son frigo.

Il y a deux ans, nous avons eu une invitée le soir de Noël qui nous a apporté un très joli cadeau pour nous remercier du dîner passé chez nous. Mais, en plus de cela, c'est une couturière très habile, et elle a remarqué que les chats s'étaient fait les griffes sur une de nos housses de coussin et l'avaient déchirée. Elle a tenu à la ramener chez elle pour la réparer, et nous l'a renvoyée par la poste quelques jours plus tard comme neuve. Nous avons d'autant plus apprécié cette généreuse attention qu'elle nous avait déjà remerciés amplement.

Vous voyez? C'est un vrai plaisir d'arriver à apporter des petits plus qui rendent la vie des autres un peu plus belle encore que ce qu'ils espéraient. C'est merveilleux de les voir réaliser qu'on se soucie d'eux, qu'on les estime. Et ça ne peut que leur donner envie d'en faire un peu plus pour vous aussi. Très honnêtement, ça vaut de toute façon la peine de le faire.

RÈGLE 44
Soyez généreux

Lorsqu'on dit de quelqu'un qu'il est généreux, on a tendance à sous-entendre qu'il partage ou qu'il donne facilement les choses matérielles comme l'argent ou ce qu'il possède. Ce qui est bien sûr un comportement louable, mais tout le monde n'a pas forcément assez pour partager, et tout le monde n'est pas obligé de tout partager. En revanche, il y a d'autres choses avec lesquelles nous pouvons nous montrer.

Le temps, par exemple. Êtes-vous généreux en ce domaine? Si quelqu'un vous demande de lui consacrer une ou deux heures, de tenir un stand avec lui à la fête de l'école, de le conduire au garage pour aller récupérer sa voiture, êtes-vous toujours prêt à dire oui? Ou préférez-vous vous plonger dans un bon livre, terminer le projet sur lequel vous travaillez, ou simplement vous affaler sur le canapé pour regarder votre émission préférée? Je vous le dis: vous gagnerez beaucoup à vous rendre utile – peut-être pas à chaque fois, mais en tout cas de façon générale – parce que ça vous fera sortir de votre routine et qu'à partir de là tout peut arriver, d'une conversation intéressante à une grande aventure. C'est ça qui est génial: on ne sait jamais à quoi ça peut mener, surtout quand on bouscule un peu ses habitudes, même pour une chose qui semble tout sauf palpitante de prime abord.

Voici encore une chose avec laquelle vous pouvez être généreux: le savoir. Vous savez sans doute des choses que personne d'autre ne sait. Vous pourriez par exemple tenir un atelier sur l'animation image par image dans un centre de loisirs, ou apprendre à jouer de la guitare à des jeunes de votre quartier, ou montrer à un stagiaire de votre entreprise comment faire une présentation sur Powerpoint, ou faire une intervention sur votre sujet de prédilection dans une association. On ne sait jamais, si ça se trouve, vous pourriez même y prendre du plaisir.

RÈGLE 45

Faites des compliments, pas des flatteries

Les gens aiment qu'on les complimente, que ce soit pour un projet professionnel bouclé avec brio, un choix vestimentaire réussi, un geste généreux ou une idée lumineuse. Alors ne les en privez pas – vous n'en serez que mieux apprécié.

Curieusement, faire des compliments est parfois mal perçu. Certains pensent à tort que trop en faire est répréhensible, ou que ça pourra sembler manquer de sincérité. Si vous avez des craintes à ce sujet, suivez simplement ces quelques points de repère.

- Gardez la juste mesure. Ne vous extasiez pas non plus exagérément sur les qualités professionnelles de quelqu'un parce qu'il a rédigé un rapport clair et concis. Reconnaissez simplement la qualité de son travail, et gardez les grandes effusions pour les performances vraiment exceptionnelles.
- Ne vous réfrénez pas par peur de sembler hypocrite. La règle est simple : si c'est sincère, ce sera perçu comme tel. Si vous en

rajoutez, ce sera perçu comme de la flagornerie. Il s'agit simplement de dire plus souvent ce que vous pensez déjà, et non pas de chercher des raisons inédites de faire des compliments.

- Gardez à l'esprit que les compliments que vous faites en disent beaucoup sur vos propres valeurs. Si vous louez les autres uniquement pour leur intelligence, ils en viendront à penser que c'est ce qui est le plus important pour vous. Si vous faites des éloges pour leurs efforts aussi bien que pour leurs résultats, ils se rendront compte que l'un compte autant que l'autre pour vous. Complimenter quelqu'un pour sa générosité, son courage, sa rapidité ou sa persévérance, c'est lui faire passer le message que c'est ce qui a le plus d'importance à vos yeux.

RÈGLE 46

Faites preuve de loyauté

Vous savez que votre mari peut être un peu têtu parfois. Mais vous ne le criez pas pour autant sur les toits (j'espère). Il vous arrive peut-être de faire des récriminations à votre frère ou à votre mère, mais devant tout le monde vous les défendez, et vous gardez vos critiques pour vous. Il en va de même pour votre meilleur copain. Vous pouvez lui dire que vous le trouvez irresponsable, mais vous n'admettrez pas que c'est ce que vous pensez devant les autres. Et votre boss. Il n'a vraiment pas le sens du détail? C'est peut-être votre avis, mais vous n'irez pas l'exprimer devant tous vos collègues.

Est-ce que je me trompe? Et si oui, pourquoi? Ce qu'il faut voir, c'est que la loyauté n'est pas tant une question de morale envers les autres qu'envers vous-même. La loyauté est une qualité qu'on doit avoir jusqu'au bout. On ne la fait pas fluctuer en fonction des mérites du conjoint, ou de l'ami, ou du boss en question, sinon cela ne serait pas de la loyauté, ce serait juste un avis que vous exprimez. La loyauté consiste à apporter votre soutien sans faille à quelqu'un, quelle que soit votre opinion personnelle. Que vous soyez d'accord avec lui ou pas. Qu'il soit facile de le soutenir ou pas. Que vous pensiez que c'est à votre avantage ou pas.

Cela dit, curieusement, ce sera toujours à votre avantage. Les gens savent reconnaître la loyauté, et ils la respectent quel que soit ce qu'ils pensent de votre mari, de votre ami ou de votre boss. Et ils se diront que s'ils arrivent à vous avoir de leur côté, ils pourront compter sur votre loyauté parce que vous n'êtes pas une girouette qui change de discours avec le vent, que vous êtes une personne fondamentalement loyale en toutes circonstances.

RÈGLE 47

Ne déblatérez pas dans le dos des gens

Je me souviens d'un ancien collègue à moi qui était très apprécié par tout le monde : il était drôle, sympathique et de bonne compagnie. Nous étions une équipe d'une petite dizaine de personnes à travailler ensemble sur les mêmes projets, et nous nous entendions très bien. Un jour, nous sommes allés déjeuner tous les deux de notre côté, et il a commencé à casser du sucre sur le dos d'une des filles de l'équipe. Ça ne m'a pas plu du tout, et ça m'a aussi fait me demander ce qu'il pouvait dire sur moi en mon absence.

Vous voyez, ce n'est pas uniquement la fille en question qui, si elle avait su ce qu'il disait d'elle (et elle a fini par le savoir), aurait eu des raisons d'être blessée. Je n'étais plus du tout sûr d'avoir envie de rester ami avec lui, moi non plus. Sur le moment, je ne savais pas encore tout, et j'ai continué à côtoyer John parce qu'il était d'agréable compagnie. Mais je prenais bien garde à ne rien lui dire de personnel et je ne lui ai plus jamais fait confiance.

Aussi justifié que puisse être ce que vous pensez de quelqu'un, parler dans son dos vous fera toujours paraître sous un mauvais jour, et donnera de vous l'image de quelqu'un de déloyal. S'il n'est pas nécessaire de dire quoi que ce soit, alors il est nécessaire de ne rien dire. Je ne dis pas que vous ne pouvez pas relayer les informations importantes, pour les bonnes raisons, à quelqu'un qui a effectivement besoin de savoir. Et, bien sûr, avec votre femme, votre mari ou vos amis très proches, vous avez le droit de dire en toute franchise ce que vous pensez des gens. Ce n'est absolument pas la même chose, on est bien d'accord.

Nous savons tous parfaitement quand nous sommes en train de médire, même quand nous nous faisons croire que nous avons une bonne raison de le faire. Mais ça nuit, en fait, beaucoup plus à notre image qu'à celle de la personne incriminée.

RÈGLE 48

Apprenez à accepter la critique

J'ai remarqué que les gens qui prennent les critiques sans se vexer sont ceux qui ont le plus confiance en eux-mêmes. Ils doutent si peu de leur propre valeur que ce n'est pas parce que quelqu'un pointe du doigt un de leurs petits défauts qu'ils remettent immédiatement en question l'ensemble de leurs qualités et de leurs capacités. Dites à quelqu'un qui manque de confiance en lui qu'il n'écoute pas toujours très bien, et il pensera que vous êtes en train de lui dire que vous ne l'appréciez pas, qu'il est un ami déplorable, et il sera par la suite mal à l'aise et complexé dans ses rapports avec tout le monde. Dites à quelqu'un qui a confiance en lui qu'il n'écoute pas toujours très bien, et il pensera : « Ah, je n'écoute pas assez bien. Il faut je fasse des progrès là-dessus. »

Bien entendu, ce ne sont pas forcément ceux qui donnent l'impression d'avoir le plus confiance en eux qui ont le plus confiance en eux, au fond d'eux-mêmes. Et si vous n'avez pas assez confiance en vous pour bien prendre une critique, vous allez devoir faire semblant. Ce qui n'est pas si grave, parce qu'avec un peu de pratique, vous finirez par vous rendre compte qu'en fait, un peu de critique constructive, ce n'est pas la fin du monde. C'est même assez appréciable. Et les autres vous respecteront d'être capable de l'entendre.

Vous avez déjà vu des gens essuyer des critiques. Lesquels vous impressionnent : ceux qui se mettent sur la défensive et qui se vexent ? Ou ceux qui disent : « Merci de ta franchise. Je vais en tenir compte » ? Bien entendu, toutes les critiques ne sont pas constructives, mais si les gens savent que vous pouvez l'accepter sans vous braquer, vous pourrez demander un second avis à d'autres et ils vous répondront volontiers en toute honnêteté.

Et puis, après tout, c'est une bonne chose. Vous préférez que tout le monde connaisse vos points faibles mais craigne trop votre réaction pour vous dire quoi que ce soit, ou qu'on vous en parle pour que vous puissiez y remédier ?

RÈGLE 49

Sachez reconnaître vos erreurs

Ce n'est pas la même chose que d'accepter les critiques, bien sûr, mais c'est du même ordre. Nous savons tous que tout le monde fait des erreurs, et si vous ne reconnaissez pas les vôtres, ça ne donnera par pour autant l'impression trompeuse que vous n'en avez pas fait. Mais ça risque, en revanche, de donner de vous l'image de quelqu'un d'arrogant, de prétentieux, ou de tout simplement incapable d'admettre qu'il s'est trompé.

Je ne préconise pas de faire un grand *mea culpa* dans lequel vous chercheriez tout ce dont vous pouvez vous accuser, mais juste de vous comporter avec humilité. Il ne s'agit pas non plus de miner entièrement la confiance que les autres ont en vous. Mais, lorsque quelque chose a clairement raté, et que c'est votre faute, alors dites-le. Vous n'en serez que plus respecté.

Il en va de même pour les erreurs du passé. Si vous êtes capable de raconter une histoire à votre désavantage, en admettant que vous avez failli, cela vous montre sous un jour humain, modeste, honnête, authentique et effacé, ce qui ne sont que des qualités.

Je ferai cependant une exception à ce principe. Il y a quelques années, j'avais une amie qui arrivait toujours en retard, au point que c'en était extrêmement agaçant. Elle me disait : « Arriver à l'heure, ce n'est pas mon fort, je sais, mais au moins, je l'admets. » Je pensais : « Tu veux dire que tu en es consciente, que tu réalises la frustration que ça cause, *et que tu continues quand même* ? Si tu n'avais aucune idée de ce que tu imposes aux autres, je pourrais tout à fait te pardonner, mais si tu sais ce que tu fais, c'est inexcusable. »

Une fois que vous avez reconnu vos erreurs, cela ne vous exempte pas de la responsabilité de les corriger. Au contraire, ça la rend impérative.

RÈGLE 50

Sachez vous entourer

Donc il y a une chose que vous souhaitez – de tout votre cœur. Un poste à responsabilités, ou une plus grande maison, ou de vraies vacances, ou une vision plus sereine de la vie, ou un projet crucial au bureau, ou un cadre de vie adapté pour votre père qui vieillit. Quel que soit ce dont vous avez besoin, vous allez avoir bien du mal à l'obtenir sans l'aide de personne. Que ce soit au travail ou à la maison, de la part d'une autorité, de vos voisins ou de l'école de vos enfants, vous allez avoir la partie bien plus facile si vous avez des gens pour vous épauler.

Et ce sera toujours vrai, avant même que vous sachiez ce que vous allez pouvoir vouloir dans un an ou dans cinq ans. Plus vous avez un réseau de connaissances étendu, plus vous aurez de chances de trouver quelqu'un pour vous donner le coup de pouce dont vous avez besoin. C'est beaucoup plus difficile d'obtenir ce qu'on veut quand on vit reclus, vous savez.

Alors allez-y, sortez de chez vous, rencontrez des gens. Apprenez à connaître vos collègues, allez prendre un pot de temps à autre avec eux-mêmes si ce n'est pas vraiment votre truc. Allez aux réunions de copropriété de votre immeuble, aux réunions de parents d'élèves de l'école de vos enfants, ou aux matches organisés par le club de sport de votre quartier. Bavardez, apprenez à connaître les gens, et proposez-leur même votre aide si vous trouvez quelqu'un à qui vous pourriez rendre service. Un jour, vous vous rendrez compte que vous avez besoin de quelqu'un qui s'y connaît en mécanique, ou qui connaît un conseiller municipal, ou qui a déjà eu affaire à un client particulier, ou qui peut vous dire comment postuler à tel endroit, ou qui vous désignera dans une commission, ou qui peut vous mettre en contact avec un bon avocat, ou qui peut toucher deux mots de votre demande au directeur financier. Et plus vous serez en bons termes avec beaucoup de gens, plus il y aura de chances que vous connaissiez pile la personne dont vous avez besoin.

RÈGLE 51

Apprenez à écouter vraiment

Combien de fois vous est-il arrivé de vous rendre compte, en parlant avec quelqu'un que vous aviez tous les deux terminé votre conversation précédente en pensant que vous étiez d'accord, alors que ce n'était pas le cas? « Mais tu as dit que c'était toi qui passerais prendre du lait en rentrant à la maison! » « Non, j'ai dit que je n'aurais pas le temps, et tu as dit que tu le ferais... » Eh bien, tout ce qu'on peut dire, c'est qu'il y en avait au moins un des deux qui n'écoutait pas correctement, et même très probablement les deux. Parfois, on se retrouve à devoir boire son café sans lait, parfois les conséquences sont plus graves*.

Il y a beaucoup de choses qui peuvent nous empêcher d'écouter correctement. En voici quelques-unes – ça vous rappelle quelque chose?

---

* Comme si ce n'était déjà pas assez grave de boire un café au lait sans lait.

- Vous êtes trop occupé à réfléchir à ce que vous allez dire dès que vous arriverez à prendre la parole.
- Vos pensées dévient vers des réflexions hors sujet déclenchées par quelque chose qui vient d'être dit.
- Vous savez ce que vous allez répondre, quoi qu'il arrive.
- Vous vous ennuyez.
- Vous ne comprenez pas vraiment ce que dit l'autre.
- Vous êtes distrait par un bruit ou par ce que vous êtes en train de faire.
- Vous êtes pressé.

Si vous voulez avoir des conversations constructives avec les autres – et du lait pour le petit déjeuner – vous devez apprendre à reconnaître ces moments-là, et à vous recentrer sur ce qu'on vous dit. Si nécessaire, il faut dire : « Pardon, je n'ai pas suivi – tu peux me répéter ce que tu disais ? », ou bien : « Je n'ai pas bien compris, tu peux me le redire plus simplement ? », ou bien : « Je n'arrive pas vraiment à me concentrer parce que j'ai une réunion dans quelques minutes et j'ai peur d'être en retard. Est-ce qu'on peut en reparler plus tranquillement plus tard ? »

Personne ne prend la peine de faire ce genre de réponse, qui sert pourtant à montrer sa bonne volonté à écouter correctement. Or, après tout, c'est plutôt flatteur : les gens aiment être entendus. Alors exercez-vous à écouter attentivement et arrêtez de faire semblant.

RÈGLE 52

Sachez ce que vous avez conclu

Toutes les conversations ne mènent pas à une décision, mais c'est souvent le cas. Et c'est curieux comme, bien souvent, chacun repart avec une idée différente de ce qui a été décidé. C'est d'ailleurs pour ça qu'on a un ordre du jour lorsqu'on fait une réunion. Vous pouvez toujours essayer d'établir un ordre du jour pour votre échange matinal avec votre conjoint pour savoir qui ira acheter du lait, mais personnellement ça me ferait un peu froid dans le dos si j'étais marié avec vous et que vous essayiez de faire ça à 7 h 30, au moment où je m'apprête à passer la porte.

En même temps, il faut effectivement que vous vous mettiez d'accord pour savoir qui ira chercher du lait. Alors prenez au moins l'habitude de résumer la conclusion à laquelle vous avez abouti avant de vous quitter. « OK, alors c'est moi qui vais chercher du lait et on se retrouve ici vers 18 h 30. » Ce principe est d'autant plus vrai lorsque ça concerne quelque chose qui vous tient à cœur. Il est crucial de savoir clairement si vous devez rappeler une personne ou attendre son appel. Votre chef vous a-t-il demandé un compte rendu pour ce vendredi ou pour celui de la semaine prochaine? Vous ne pouvez le savoir qu'en résumant ce qui vient d'être dit et en vous écoutant le résumer (oui, je sais que ça semble bizarre, mais il est possible de résumer machinalement et de ne plus savoir ce qu'on a dit – ça m'est déjà arrivé).

Si la conversation a tant soit peu d'importance, et surtout si elle a une quelconque teneur officielle ou professionnelle, il est également judicieux d'envoyer à votre interlocuteur un e-mail récapitulant la façon dont vous avez compris cette décision, afin qu'il puisse vous répondre s'il pense que vous n'avez pas compris ce qu'il pensait que vous pensiez qu'il voulait que vous compreniez (n'est-ce pas que c'est facile de s'embrouiller?). Envoyez à votre chef un court e-mail : « Merci pour l'entrevue de ce matin, je voulais juste confirmer que je vous ferai parvenir mon compte rendu pour vendredi prochain au plus tard. »

RÈGLE 53

Ne passez pas à côté des signaux

Les gens ne disent pas toujours ce qu'ils pensent – du moins pas verbalement. Mais ça ne veut pas dire que vous ne pouvez pas le deviner. Notre corps en dit beaucoup plus que nos paroles, et en apprenant à chercher les signes révélateurs on arrive en général à se faire une assez bonne idée de ce que l'autre personne ressent réellement. Peut-être que la personne à laquelle vous êtes en train de parler est en colère, ou anxieuse, ou tout simplement indifférente, mais ne le dit pas ou essaie de le cacher.

Oubliez tout ce qu'on vous a dit sur le fait que certains ont une intuition et d'autres pas. Tout le monde peut apprendre à analyser le langage corporel. D'ailleurs, si vous n'êtes pas quelqu'un de particulièrement intuitif, il faut vraiment que vous appreniez. Il s'agit juste de s'entraîner à repérer certains signaux.

Si vous y prêtez attention, il n'est pas difficile de décoder le langage corporel. Et je vais vous dire autre chose : lorsqu'il est en contradiction avec ce que la personne est en train de dire, c'est le langage corporel qui dit la vérité. Vous pouvez en être sûr.

Alors, quels sont ces signaux? Eh bien déjà, de façon générale, les gens détendus et sûrs d'eux ont l'air détendus et sûrs d'eux. Je suis désolé si ça paraît trop simple, mais c'est vraiment aussi simple que ça. Ils se tiennent dans une posture décontractée, les bras le long du corps ou sur les genoux (s'ils n'ont rien dans les mains), et ils sourient calmement (et réellement, donc leurs yeux sourient aussi). Les gens tendus (qui sont en colère, anxieux, pressés par le temps ou autre) ont plus de chances de croiser les bras et les jambes, de gesticuler, de se tortiller les doigts, et se tiennent de façon plus rigide. Une personne en colère parlera d'un ton sec, penchée vers l'avant, et bien souvent les poings serrés. Une personne qui s'ennuie aura tendance à regarder par-dessus votre épaule ou vers sa montre – même en vous disant que ce que vous avez à dire l'intéresse.

La seule difficulté, c'est de trouver ces signaux. Pour ce qui est de les décoder, c'est archi-fastoche.

RÈGLE 54

Compatissez à la colère des autres

Ça n'a rien d'agréable d'être en colère, et mieux vaut éviter de donner aux autres des motifs de l'être lorsqu'on le peut. Mais parfois les gens sont en colère de façon parfaitement légitime, et parfois c'est vous qui êtes dans la ligne de mire. Si vous êtes en faute, la seule chose à faire est de l'admettre, de vous excuser, et de faire ce que vous pouvez pour arranger les choses. Mais si ce n'est pas votre faute? Il se peut qu'un client soit en colère pour un problème d'organisation, et que le hasard veuille que ce soit vous qui vous retrouviez au bout du fil ou derrière le comptoir. Ou que votre voisin soit furieux parce que votre jardinier a coupé son arbre qui est de l'autre côté de la haie, alors que vous ne lui avez jamais demandé de faire une chose pareille. Comment faire face à ces moments-là?

La première chose à faire est de rester calme. Aussi dure que soit la confrontation, elle ne fera qu'empirer si, en plus, vous vous mettez vous aussi en colère. Tout l'enjeu est d'arriver à comprendre *pourquoi* la personne est en colère – et il y a de fortes chances que ce soit parce qu'elle pense qu'elle n'obtiendra pas ce qu'elle attend autrement que par le conflit. Alors montrez-lui qu'elle n'a pas besoin de hausser le ton. Vous pouvez commencer par écouter. Si vous vous abstenez de vous mettre vous aussi à crier, ou de lui répéter sans cesse de « se calmer » (ce qui est franchement agaçant quand on est en pétard), elle comprendra que vous voulez vraiment écouter ce qu'elle a à dire. Et il y a alors de fortes chances qu'elle se calme assez vite.

Ensuite, il faut compatir avec cette personne. Ce qui ne signifie pas vous excuser si ce n'est pas votre faute – il s'agit simplement de lui faire comprendre que vous comprenez pourquoi elle est en colère, et que vous considérez que c'est justifié : « J'imagine comme vous devez être contrarié. » OK, vous êtes en bonne voie. Respirez profondément. Maintenant, ne lui faites pas perdre son temps avec des explications interminables – ce n'est pas ça qu'elle veut entendre. Quelques mots suffiront si c'est vraiment nécessaire : « Je ne lui ai jamais demandé de couper cet arbre. »

On y est presque. La personne devrait commencer à retrouver sa sérénité. Mais elle n'a toujours pas obtenu réparation, alors faites ce que vous pouvez pour remédier à son problème. Remboursez-la, et ajoutez même éventuellement un bon de réduction. Proposez-lui de remplacer son arbre par un arbuste de son choix. Si vous arrivez à résoudre la colère de quelqu'un assez efficacement, il en résulte toujours une relation renforcée avec cette personne.

RÈGLE 55

Ne cédez pas à la colère tactique

Oubliez maintenant tout ce que je viens de vous dire sur la façon de gérer la colère. Du moins quand la colère en question *n'est pas justifiée*. Certains utilisent la colère pour obtenir des autres ce qu'ils veulent en les manipulant, en les menaçant, en les tyrannisant, en les intimidant. Ça n'a rien à voir avec une colère justifiée, et ça mérite une tout autre réaction. Cette colère-ci est du même ordre qu'un gros caprice d'enfant et appelle donc le même type de réaction que celui-ci*.

Au cas où vous n'auriez pas d'enfants, je vais vous expliquer la technique (et peut-être vous dissuader à tout jamais d'en avoir). Tout d'abord, il faut dire, calmement, que vous n'acceptez pas qu'on vous crie dessus/qu'on vous parle sur ce ton/qu'on vous

* Même si je ne peux pas vous conseiller d'envoyer votre boss, disons, au coin.

insulte (rayer les mentions inutiles) de la sorte, que vous n'êtes pas prêt à vous laisser intimider, et que vous allez partir si il/elle ne se calme pas. Puis vous mettez si nécessaire la menace à exécution, en partant si les cris persistent. Si les cris reprennent de plus belle lorsque vous revenez, continuez à y opposer la même réaction.

Je sais que ce n'est pas évident si vous avez affaire à quelqu'un qui est (ou semble être) votre supérieur. Votre patron, ou votre beau-père, ou le président du syndicat de copropriété. Mais, après tout, nous avons tous la même valeur sur le plan humain, et vous méritez d'être respecté autant que n'importe qui d'autre. Que peut cette personne contre vous? On ne peut pas réprimander quelqu'un d'avoir refusé de se laisser berner par des manipulations intimidatrices. Et, en règle générale, ces gens-là apprennent bien vite que leurs caprices de star ne marchent pas avec vous et finissent par arrêter, car ils se rendent compte que c'est eux qui se montrent sous un jour peu glorieux si vous ne réagissez pas comme ils l'avaient prévu.

RÈGLE 56

Présentez des résultats concrets

À une époque, j'avais une assistante (oui, j'ai été le genre de personne qui a une assistante) qui était très dévouée. Elle arrivait à l'heure tous les matins et s'affairait jusqu'au soir, quand arrivait l'heure de rentrer chez elle. Lorsque je lui demandais quelque chose, elle apparaissait immédiatement, stylo à la main, prête à prendre des notes.

Je n'ai aucune idée de ce qu'elle faisait toute la journée, mais quoi que ça puisse avoir été, elle le faisait avec beaucoup d'application. Si je ne sais pas ce qu'elle faisait, c'est parce qu'à vrai dire ça n'avait pas vraiment de résultat visible. Elle pouvait passer un coup de téléphone pour moi, ou bien aller me chercher quelque chose dans les dossiers suspendus, mais ça, je pouvais aussi bien le faire moi-même. À part ça, pas grand-chose ne semblait se passer, sauf si j'étais très précis sur ce que je voulais, quand, comment, et ainsi de suite. Alors, en général, ça arrivait. Les bons jours.

Je crois deviner qu'elle passait son temps à organiser les choses. Vous savez, un peu comme quand vous faisiez des plannings de révision quand vous étiez étudiant : ça prend tellement de temps à mettre au point qu'on finit par ne plus vraiment avoir le temps de réviser. Le problème, c'est que j'avais besoin qu'il se passe vraiment des choses. Je voulais que ma voiture soit révisée, ou qu'un différend avec un client délicat soit réglé, ou qu'une réunion avec quatre autres personnes très occupées soit fixée, ou qu'un billet de train apparaisse comme par magie sur mon bureau la veille de mon départ. Mais non. Rien de tout ça n'arrivait. Cela dit, les dossiers suspendus étaient rangés nickel.

Votre chef veut des résultats. Des objectifs réalisés – et même si possible dépassés. Votre conjoint veut que ces vacances soient réservées, ou que la tondeuse à gazon soit réparée. Vos enfants veulent que ces places de cinéma soient prises. Le comité municipal veut que cette braderie soit organisée. Les gens veulent que des choses se passent. Pas seulement qu'elles soient en bonne voie ou qu'elles aient l'air engageantes sur le papier, mais qu'elles se réalisent concrètement. Vous savez ce que vous avez à faire. Alors faites-le.

RÈGLE 57

Faites vraiment partie de votre groupe

Vous êtes membre d'une équipe. La famille, l'entreprise, le conseil municipal – je ne sais pas à quelles équipes vous appartenez, mais c'est sans doute le cas. Le mot « équipe » n'est peut-être pas celui qui vous vient à l'esprit lorsque j'évoque ces choses-là, mais ça devrait. Il faut voir tout groupe auquel vous pouvez appartenir comme une équipe. Ça vient plus naturellement à certaines personnes qu'à d'autres, mais ça s'apprend.

Le reste du groupe ne peut qu'apprécier avoir un coéquipier. Vous aussi, d'ailleurs, quand vous attendez des autres qu'ils s'impliquent. Vous serez beaucoup mieux considéré si les autres voient que vous êtes l'un d'eux.

Quelle est l'alternative? Voir le groupe comme une entité séparée, désigner l'entreprise ou le conseil municipal comme « eux » et non comme « nous »? Les gens sont sensibles à ces choses-là, vous savez. Si vous ne faites pas partie de l'équipe, si vous n'en parlez pas en disant « nous », si vous ne l'identifiez pas avec ses succès – et ses échecs –, vous vous tenez en retrait. Ce qui n'est pas très sympa, non? Ni très loyal d'ailleurs.

C'est très important, quoique généralement assez facile dans le cadre de la famille. Mais si tout va bien, vous avez toujours eu le sentiment d'appartenir au clan. Cependant, ça peut être moins évident au travail, ou dans d'autres contextes « officiels ». Or, c'est là que c'est le plus crucial. Si vous voulez que les autres fournissent le meilleur d'eux-mêmes, et les avoir de votre côté, il est primordial de ne pas leur donner l'impression que vous faites bande à part. Si tout le monde se serre les coudes, si tout le monde se sent dans le même bateau, votre implication sera appréciée, et les autres auront envie de vous apporter tout le soutien dont vous avez besoin.

RÈGLE 58

Travaillez avec acharnement

Rien ne remplace ça. Ceux qu'on a envie d'aider, ce sont ceux qui commencent par s'aider eux-mêmes en travaillant dur. Si vous voulez être épaulé, il faut montrer que vous fournissez le plus gros des efforts vous-même. Personne ne va travailler dur pour vous si on vous voit vous tourner les pouces.

Je ne vous dis pas de vous tuer à la tâche 24 heures sur 24 sans prendre de répit. On a tous besoin de faire d'autres choses que de travailler. Se reposer et se distraire, bien entendu – c'est la même chose pour tout le monde. Mais vous devriez consacrer de longues journées à vos efforts – et, dans les moments consacrés au travail, ne faire que ça.

Après tout, personne ne vous doit rien. C'est toujours par un mélange composé d'un peu de chance et de beaucoup d'efforts qu'on arrive à ses fins. Lorsqu'on veut quelque chose, on y travaille. On se relève les manches. On se décarcasse. C'est aussi simple que ça.

RÈGLE 59

Travaillez dans le bon sens

Il est crucial de faire des efforts, mais encore faut-il que ces efforts soient les bons. Eh non, je ne peux pas vous dire lesquels ce sont parce que c'est différent pour tout le monde. Je peux vous dire que ça ne sert à rien d'organiser votre programme de révision alors que vous devriez être en train de réviser. Et que nombreux sont ceux qui se sentent lésés parce qu'ils n'ont pas de promotion alors qu'ils restent travailler plus tard que tout le reste de l'équipe tous les soirs (mais sans avoir pour autant rempli leurs objectifs).

Quand on veut quelque chose, il faut s'assurer que l'on investit son énergie dans la bonne direction. Ce qui compte, ce ne sont pas les efforts fournis, mais les résultats produits. La façon dont vous occupez votre temps de travail doit être déterminée par les résultats à obtenir. Si vous pouvez accéder à ces résultats sans effort, c'est que vous vous êtes fixé des objectifs trop bas. C'est bien simple : il faut que les autres vous voient travailler aussi dur qu'eux, sans quoi ils n'auront aucune envie de redoubler d'efforts pour vous aider lorsque vous en aurez besoin.

Alors pensez aux conditions nécessaires pour arriver à ce que vous voulez : les cours du soir que vous allez devoir suivre, les ventes que vous allez devoir réaliser, les factures que vous allez devoir payer, les compétences que vous allez devoir acquérir, les kilos que vous allez devoir perdre. Et maintenant, demandez-vous exactement où vous allez devoir mettre vos efforts pour que ça se concrétise. Qu'est-ce qui sera déterminant ? Eh bien, c'est sur ça que vous devez concentrer vos efforts.

RÈGLE 60

Surpassez-vous

Il y a beaucoup de choses que vous pouvez vouloir – beaucoup de raisons qui peuvent vous avoir fait ouvrir ce livre – et beaucoup d'entre elles n'ont rien à voir avec le travail. Mais c'est quand même le cas d'une bonne partie d'entre elles, et parmi les ambitions les plus fréquemment exprimées, il y a le fait d'obtenir une augmentation ou une promotion. D'ailleurs, même si ça ne figure pas tout en haut de la liste de vos souhaits personnels, vous ne seriez sans doute pas contre la perspective d'une augmentation ou d'une promotion.

Mais je vais vous dire en quoi la plupart des gens se trompent : ils partent généralement du principe que lorsqu'on fait son travail correctement et qu'on est là depuis longtemps, on mérite ce type de récompense. C'est faux. Les temps sont durs. Votre chef ne peut pas vous faire monter en grade de quelque manière que ce soit sans avoir une très bonne raison de le faire. Alors c'est à vous de lui en donner une.

C'est là un parfait exemple qui montre qu'il ne suffit pas de travailler dur, mais qu'il faut également travailler dans le bon sens. Vous n'obtiendrez cette augmentation ou cette promotion que si vous arrivez à montrer à votre entreprise que vous apportez plus que ce pour quoi vous avez été embauché, ou que vous valez plus que la dernière fois que vous avez eu une augmentation. Ce qui veut dire que vous devez leur montrer que vous parvenez à atteindre l'un de ces points :

- Vous dépassez les objectifs que l'on vous a fixés.
- Vous rapportez ou faites économiser à votre entreprise plus d'argent que ce qui était attendu de vous.
- Vous valez plus parce que vous avez acquis des compétences et/ou de l'expérience.
- Vous avez plus de responsabilités qu'on ne vous en a accordées au départ.
- Vous rapportez autant (ou plus) que d'autres employés qui gagnent plus que vous.

C'est ce type de chose qui donnera à votre chef une excuse pour revoir à la hausse la reconnaissance de votre entreprise envers vous. Le simple fait de travailler dur n'est finalement que ce qui vous a été demandé au départ. C'est en montrant que vous valez encore mieux que vous lui donnerez des raisons solides d'accéder à votre demande.

3

Aidez les autres à vous dire oui

Plus vous aiderez les autres à vous dire oui, moins vous aurez à demander ce que vous voulez de façon explicite et directe. Vous savez aussi bien que moi qu'il y a des gens à qui c'est plus facile de dire oui qu'à d'autres, pour tout un tas de raisons. Peut-être parce qu'ils demandent les choses de façon franche et honnête, peut-être parce que ça ne vous demande pas beaucoup d'efforts, peut-être parce qu'ils demandent pile au bon moment, ou de façon particulièrement charmante, ou parce que vous leur devez un service, ou peut-être juste parce que vous les aimez bien et que vous avez envie de leur faire plaisir.

Que vous soyez à l'aise pour demander directement ou que vous ayez besoin de trouver une façon indirecte d'accéder à ce que vous voulez, plus vous rendrez facile à l'autre personne de vous dire oui, plus vous aurez de chances d'obtenir ce que vous voulez. Et la clé de tout ça est de vous mettre à la place des autres et de voir les choses de leur point de vue. C'est donc ce que nous allons faire maintenant.

RÈGLE 61

Assurez-vous que vous êtes entendu

Personne ne va vous donner ce que vous voulez si personne ne sait ce que c'est – en tout cas, pas volontairement. Et certaines personnes ne savent tout simplement pas écouter. Que vous ayez beaucoup à demander, ou juste un petit coup de main au passage, il faut vous assurer que les autres ont clairement compris ce que vous voulez.

Vous savez, ces quelques personnes dans votre entourage qui ne savent pas écouter, et qui ensuite vous tiennent responsable pour le malentendu : « Mais, tu n'as jamais dit que… »? Oui, elles. Cette fois-ci, nous allons nous assurer qu'elles vous entendent pour de bon. Donc la première chose à faire est de déterminer exactement ce que vous voulez dire et de trouver la façon la plus claire et concise de l'exprimer. Exercez-vous si besoin, de façon à trouver les mots justes. « Je cherche quelqu'un pour me remplacer jeudi après-midi. Es-tu disponible? »

Si vous butez sur un éventuel point délicat, formulez une nouvelle fois votre demande de façon différente ; vous pouvez même demander à votre interlocuteur de vous la répéter, « juste pour être sûr que je suis bien clair ». (Mais, dans ce cas, faites attention à ne pas vous montrer blessant ni infantilisant – c'est vraiment à vous de voir comment vous le sentez sur le moment, et ça, je ne peux pas être là pour vous le dire.) Cela peut permettre de fixer les choses dans leur esprit. Puis récapitulez de nouveau à la fin de la conversation.

Si vous avez l'impression que la personne n'a pas encore complètement saisi que vous avez un problème qui a besoin d'être résolu, posez-lui des questions : « Comment ferais-tu, toi, pour faire accepter un retard de livraison à un client? Sachant qu'ils ont déjà eux-mêmes des clients qui leur font des récriminations... »

Si ça vous tient tant à cœur de dégager tel créneau de temps libre, ou de suivre telle formation, ou de tenir tel délai, ou d'atteindre tel objectif, il ne faut pas sous-estimer l'importance qu'il y a à communiquer les bonnes informations aux personnes dont vous avez besoin du soutien.

RÈGLE 62

Assurez-vous que les autres se font comprendre de vous

Donc le point précédent concernait les personnes qui ne savent pas écouter. Mais qu'en est-il de celles qui ne savent pas s'exprimer clairement? Si vous avez besoin d'informations ou d'aide de leur part, il faut que vous puissiez entendre ce qu'elles vous disent.

J'ai eu une collègue qui avait une façon très énergique, très catégorique de s'exprimer, avec une personnalité très forte. (Ça peut sembler la description de quelqu'un de peu aimable alors que, en fait, elle l'était – une femme pétulante et pleine d'assurance.) Quoi qu'il en soit, au bout d'un certain temps passé à travailler avec elle, je me suis rendu compte que je n'avais pas toujours les idées claires sur ce qu'elle disait. Sans doute, me suis-je dit, n'étais-je pas assez concentré en l'écoutant. Une dizaine de jours plus tard, je suis ressorti d'une discussion avec elle… pour réaliser que je n'avais pas bien saisi ce qu'elle attendait de moi. Je me suis une nouvelle fois reproché mon manque d'attention, et, en m'excusant de mon imprécision, en ai parlé à une autre personne, qui m'a répondu : « Tu sais, avant je pensais que ça venait de moi. J'ai le même problème. » En fait, même si sa façon de s'exprimer semblait claire, elle ne faisait que masquer sa profonde incapacité à dire les choses clairement.

La solution pour contrer ça est de poser des questions, en particulier des questions fermées qui appellent une réponse par oui, par non ou par un seul mot : « Seras-tu là à la réunion de mardi? », « Pouvons-nous compter avec certitude vendre plus de deux mille de ces produits sur le premier mois? », ou : « Est-ce que ça te va de garder mes enfants si je te garde les tiens? » Et ne passez pas à autre chose tant que vous n'êtes pas certain d'avoir l'information que vous voulez.

RÈGLE 63

Cherchez les raisons pour lesquelles on pourrait vous dire non

Certaines personnes ont plus de mal que d'autres à dire non mais presque tout le monde préfère dire oui quand c'est possible. Pas à n'importe quel prix, bien sûr, mais pourquoi ne pas rendre service quand on le peut? Même les gens les plus aigris voient l'avantage à ce que les autres leur soient redevables de quelque chose. Donc lorsque quelqu'un vous dit non, il doit y avoir une raison. Certains disent non pour des raisons mineures, tandis que d'autres feront tout leur possible, mais il y a toujours des raisons pour lesquelles ils peuvent dire non.

Alors quelles pourraient être ces raisons? Si vous arrivez à les deviner, vous pourrez vous placer en bien meilleure position. Alors demandez-vous pour quels motifs on pourrait vous refuser ce que vous demandez.

- Ça demande beaucoup de travail.

- Ça va coûter de l’argent.
- Ça vous donnerait de l’ascendant sur la personne.
- Il/elle n’arrivera jamais à faire accepter ça à leur chef/conjoint/ami.
- Ça suppose de négocier avec quelqu’un de peu commode.
- Il/elle n’a pas le temps.
- Ça l’obligerait à montrer une de ses faiblesses, ou une de ses erreurs.
- C’est salissant/ça crée du désordre/ce n’est pas confortable.

Cette liste n’est pas exhaustive, mais c’est un début. Il se peut aussi que la raison soit que la personne ne vous apprécie pas/n’a pas confiance en vous, mais nous avons déjà vu comment faire pour que ce ne soit pas le cas, donc j’ai volontairement écarté cette hypothèse. Vous êtes mieux placé que moi pour deviner les objections qu’on pourrait vous opposer, et n’oubliez pas qu’il peut, bien sûr, y en avoir plusieurs. Alors répertoriez-les toutes, et à partir de là, vous allez pouvoir commencer à préparer le terrain.

RÈGLE 64

Montrez que vous comprenez votre interlocuteur

Il s'agit maintenant de rassurer la personne sur le fait que vous comprenez les problèmes que votre demande soulève. Pas simplement pour lui/elle, mais aussi ce qui, dans le système, pourrait être un obstacle à ce que vous voulez. Montrez-lui que vous comprenez pourquoi son/sa conjoint(e) pourrait s'y opposer, ou que vous avez conscience de la paperasse que ça impliquerait, ou que vous saisissez les répercussions que ça pourrait avoir sur la communauté.

Lorsque les autres verront que vous comprenez bien toutes les difficultés existantes, il y aura beaucoup plus de chances qu'ils vous écoutent. Ce qui est logique. Comment pourraient-ils vous prendre au sérieux si vous n'avez aucune idée de ce qui se passe, ou que vous ignorez les faits, ou que vous n'avez pas intégré l'état d'esprit qui règne au sein de l'équipe? Si, au contraire, vous êtes parfaitement au fait des nuances et des subtilités de la situation, alors votre opinion sera vue comme digne d'être entendue, et votre vision des choses prise en compte.

Ça ne suffit pas de déterminer pour vous-même les complications, ou les différentes éventualités, ou les répercussions. Il faut y réfléchir sérieusement, puis faire comprendre aux autres que vous en avez conscience. Ça donnera bien plus de légitimité à votre demande.

RÈGLE 65

Présentez toujours les choses de façon objective

Votre crédibilité est essentielle. Personne ne va aller dans votre sens si votre jugement n'est pas perçu comme fiable. Personne ne va accepter de faire baisser un prix annoncé, ni d'avancer une date de lancement, ni d'investir dans une nouvelle salle de sport, ni de vous envoyer en formation, juste parce que c'est ce que vous voulez. Il faut que les gens concernés soient convaincus que c'est la bonne chose à faire.

Ce qui veut dire que vous devez éviter d'émettre des jugements subjectifs. Ne dites pas de quelque chose que c'est « génial » ou « mieux ». Soyez précis : c'est ceci le plus fiable, ou cela le moins cher, ou tel ou tel engin le plus rapide. Et il ne va pas « incroyablement vite », il va « à une vitesse pouvant atteindre plus de 150 km/h ». Ce sont là des mesures objectives, que vous devez être capable de confirmer, et non votre opinion personnelle. Ça impose donc bien plus d'autorité.

Donc lorsque vous abordez quelqu'un dont vous avez quelque chose à obtenir, assurez-vous de disposer de toutes les informations dont vous pourriez avoir besoin pour appuyer cette demande objective qui est la vôtre.

Et n'attendez pas qu'on vous les demande. Montrez que vous vous êtes renseigné et communiquez vos informations de vous-même. Démontrez clairement pourquoi le prix annoncé est trop élevé, ou pourquoi un lancement en mars permettrait de booster les ventes, ou que les écoles dotées d'un gymnase moderne ont de meilleurs résultats que les autres*, ou ce que les gens ayant suivi telle formation peuvent apporter de plus à leur entreprise.

Vous voilà maintenant posé en expert sur le sujet, et non plus comme quelqu'un qui a un intérêt personnel à faire valoir.

* Oui, c'est moi qui ai inventé ça (ce n'est donc ni objectif, ni appuyé par des informations tangibles).

RÈGLE 66

Donnez toujours une bonne raison de faire une exception

Il peut arriver qu'on ait besoin que quelqu'un fasse pour nous une chose qui soit contraire à ses habitudes, ou qui risque de mettre à mal un de ses principes, ou qui crée un précédent qui ne lui semble pas souhaitable. Lorsque c'est le cas, il faut l'aider à trouver une raison de vous dire oui, tout en continuant à dire non par ailleurs dans d'autres situations équivalentes. Il se peut, bien sûr, que la personne trouve d'elle-même cette bonne raison, mais pourquoi s'en donnerait-elle la peine? Il est aussi simple pour elle de dire non. C'est vous qui avez des intérêts à défendre, c'est donc à vous de fournir les efforts nécessaires.

Peut-être que votre mère a l'impression que, si elle vous accompagne en vacances pour s'occuper des enfants, elle devra faire la même chose pour vos frères et sœurs, et que ça ferait beaucoup pour elle. Peut-être que le comité de direction a déjà établi qu'il n'y aurait pas de nouvelles embauches cette année. À vous de les faire changer d'avis : il va vous falloir leur fournir une bonne raison de faire une exception cette fois-ci.

Essayez de dire à votre mère : « Je sais que ça représente beaucoup de temps pour toi, et on s'est toujours très bien débrouillés quand on n'avait que deux enfants, comme Bruno et Valérie se débrouillent avec les leurs. Mais maintenant que nous avons les jumeaux en plus, c'est plus du double de travail… » Comme ça, elle aura une justification à donner si Bruno ou Valérie demande pourquoi elle ne les accompagne pas, eux aussi, en vacances pour jouer les baby-sitters bénévoles.

Quant à votre proposition au comité de direction, expliquez que vous comprenez que les effectifs doivent être limités au minimum. Mais qu'en l'occurrence c'est différent. Que deux nouvelles recrues expérimentées pour travailler sur le nouveau logiciel, cela permettra de libérer quatre personnes pour vendre à plein temps, et que ces embauches seront donc rentabilisées dans les trois premiers mois.

Si vous parvenez à trouver une bonne raison de faire une exception à la règle, que les personnes en question pourront utiliser pour se justifier auprès de toute autre personne qui leur demandera la même chose, alors vous êtes en position optimale pour que l'on vous dise oui.

RÈGLE 67

Apportez des solutions

Maintenant que vous avez défini ce qui pourrait empêcher que l'on vous dise oui, il vous faut établir un plan pour contrecarrer ces objections. Ce n'est pas bien difficile, même s'il vous faudra peut-être faire preuve d'imagination.

Imaginez que votre voisine refuse de garder vos enfants une fois par semaine pour que vous puissiez suivre des cours du soir. Quelle est sa raison, d'après vous? Elle ne veut pas donner autant de son temps? Alors pourquoi ne pas lui proposer en échange quelque chose qui lui permettrait d'en gagner pour compenser – si vous tondez sa pelouse chaque week-end, cela lui permettrait peut-être de dégager le temps qu'elle vous consacre. Ou bien vous pouvez lui promettre que les enfants seront couchés avant son arrivée, de façon à ce qu'elle puisse utiliser ce temps pour faire des choses pour elle.

Pourquoi votre responsable refuserait-elle de vous envoyer suivre la formation que vous convoitez? Peut-être aurait-elle du mal à en justifier le coût dans le climat économique actuel. Ou peut-être faudrait-il qu'elle s'en explique auprès de sa direction à elle, et qu'elle sait que ce ne sera pas évident. Il vous faut donc arriver à démontrer comment l'entreprise rentrera dans ses frais grâce à la valeur de vos nouvelles compétences. Et peut-être que pour mettre les choses bien au clair, vous devriez monter un rapport écrit sur les conséquences positives de votre demande, ce qui permettrait à votre responsable de le transmettre directement à ses supérieurs. Ce sera alors votre force de persuasion à vous qui s'exercera, et non plus à elle d'essayer de convaincre.

Vous saisissez le principe? Si vous êtes suffisamment motivé par ce que vous voulez, alors faites preuve d'un peu d'imagination pour ôter aux autres les objections qu'ils pourraient vous opposer. Comment pourraient-ils vous dire non après ça?

RÈGLE 68

Sachez lire entre les lignes

Certains vous donneront une réponse sans équivoque d'emblée. Mais d'autres pas. Peut-être parce qu'ils ont peur d'être brusques, ou peut-être parce qu'ils veulent vraiment vous aider mais ne le peuvent pas, ou bien encore parce qu'ils sont indécis. Cela dit, peut-être n'avez-vous pas formulé de demande explicite, donc il est possible qu'ils ne se sentent pas tenus de donner une réponse.

Mais cela ne veut pas dire qu'ils ne laissent pas échapper des indices. Voire des indications. Et c'est à vous de les déceler. Surtout si vous êtes effectivement en train d'essayer d'obtenir quelque chose sans le demander à proprement parler. Et les signes à observer sont nombreux. En voici quelques exemples qui vous permettront de voir ce que je veux dire.

- « Hmm. Je me demande si Alice ne pourrait pas t'aider… » signifie que cette personne veut vous aider et est peut-être prête à plaider votre cas auprès d'Alice.

- « Je ne sais pas si c'est possible pour moi le jeudi » indique que si vous pouvez changer de jour, cette personne pourra peut-être vous aider.
- « Ça va être coton de faire passer ça auprès du directeur financier… » signifie que cette personne est probablement de votre côté mais qu'il faut lui apporter quelques arguments solides et chiffrés.
- « Personnellement, j'envisage moi-même depuis quelque temps d'essayer de perdre des kilos… » indique que cette personne pourrait être d'accord pour faire un régime avec vous – ce qui augmenterait vos chances de réussite.

Une fois que vous avez ces indices, il ne vous reste plus qu'à trouver des moyens d'éliminer les obstacles qui pourraient vous empêcher d'accéder à ce que vous désirez.

RÈGLE 69

Cherchez à savoir ce qui motive les autres

À une époque, j'ai eu un chef qui était convaincu qu'il était possible de faire faire ce qu'on veut à qui on veut tant qu'on promet de l'argent en échange. À chaque fois qu'il fallait trouver une motivation à quelqu'un, il essayait de lui faire miroiter la possibilité d'une augmentation, ou la promesse d'un bonus supplémentaire, ou l'éventualité d'une promotion. Mais, bizarrement, il n'est jamais arrivé à faire redoubler d'efforts qu'une ou deux personnes de son équipe avec ce type de manœuvre. Et il ne comprenait pas pourquoi. À côté de ça, il y avait plein de gens démotivés qui se plaignaient de ne jamais être remerciés pour leur travail.

Tout le monde n'est pas motivé par l'argent. Bien entendu, à choisir on préférerait tous en avoir un peu plus, même si ce n'est pas forcément pour nous-mêmes. Mais cela ne veut pas dire que c'est ce qui nous fait avancer, ce qui nous fait vibrer, ce qui nous donne des ailes, ce qui fait notre raison de vivre. Les gens sont motivés par toutes sortes de choses différentes. Pensez à vos enfants si vous en avez, ou à vos meilleurs amis. La plupart préfèrent avoir de la notoriété plutôt que de l'argent, ou de la reconnaissance, ou du pouvoir, ou des responsabilités, ou la satisfaction du travail, ou du challenge, ou juste un simple merci.

Une fois que vous avez identifié ce qui motive les gens, alors vous pouvez vraiment commencer à obtenir ce que vous voulez, en vous assurant d'échanger contre ce qu'ils veulent vraiment.

RÈGLE 70

Sachez trouver les mots justes

Il est important, si vous voulez que quelqu'un vous dise oui, de lui parler de ce que vous voulez en des termes qui lui parleront. Et il se peut qu'il n'ait pas les mêmes critères que vous. De la même manière qu'il vous faut connaître ce qui motive les autres, il vous faut aussi savoir quels mots leur font un effet positif – ou négatif.

Si vous essayiez de décrire à un ado le train fantôme d'une fête foraine, tenez compte de la mentalité typique de son âge et dites-lui, par exemple : « Allez, tu vas adorer ! Ça va super vite et c'est bien flippant ! » Ça suffirait à convaincre beaucoup des ados que je connais. Mais ça ne ferait sans doute pas le même effet à leurs grands-parents. Eux, il faudrait plutôt leur dire : « C'est vraiment sans aucun danger, et c'est tellement kitsch que c'est drôle. » Même train, mais mots différents.

Lorsqu'on apprend à bien connaître les gens – que ce soit votre chef, votre famille, vos enfants ou vos amis –, on découvre qu'il y a certains mots qui les attirent et d'autres qui les repoussent. Certains sont au taquet sur tout ce qui est « marrant », qui « décoiffe » ou qui est l'occasion de « s'éclater ». À une époque, j'avais une chef qui pouvait donner son aval à bien des choses tant qu'on lui assurait qu'elles étaient « certifiées » ou « prouvées ». Elle aimait les mots qui évoquaient la fiabilité. Cela vaut toujours la peine de prêter attention au vocabulaire que les autres emploient eux-mêmes : cela peut vous donner des indices sur les mots qui seront les plus susceptibles de leur parler.

Si vous voulez que quelqu'un vous apporte son aide ou son soutien, demandez-vous quels mots il aime entendre, puis utilisez-les pour le convaincre de vous épauler.

RÈGLE 71

Choisissez le bon moment

Il faut parfois un travail de longue haleine pour arriver à ce qu'on veut. Je connais quelqu'un qui vient de passer cinq ans à restaurer un bateau ancien, à vivre dessus dans le froid et l'humidité, et qui ne récolte qu'aujourd'hui le fruit mérité de ses efforts : il a désormais un fabuleux chez lui, confortable et suffisamment étanche pour flotter. Il savait dès le départ que ce qu'il voulait lui prendrait cinq ans et il a tenu bon. Vous pouvez avoir des souhaits mineurs qui peuvent être réalisés rapidement et facilement, mais la plupart des rêves et des projets de grande envergure prennent plus de temps.

Donc vous savez longtemps à l'avance que vous allez avoir besoin d'obtenir des choses de certaines personnes. En réfléchissant à la façon dont vous allez vous y prendre pour arriver à vos fins, demandez-vous à quel moment vous allez aborder ces personnes. Il se peut que votre conjoint connaisse toujours un pic de stress à une certaine période de l'année, quand plusieurs contrats doivent être renouvelés – ce n'est donc pas le meilleur moment pour lui demander un effort supplémentaire.

De la même façon, ne sollicitez pas une augmentation à votre chef le mois qui suit une révision des salaires, ou quand les chiffres du dernier trimestre viennent d'arriver et sont particulièrement déprimants – même si vous êtes le seul à les maintenir à flot. Il vaut mieux faire cette demande dans les jours ou les semaines qui suivent un contrat juteux que vous avez réussi à décrocher.

Vous rendrez la tâche de vous soutenir beaucoup plus facile aux autres si vous les abordez à un moment opportun *pour eux*, et pas uniquement *pour vous*. Alors voyez les choses de leur point de vue, et adaptez votre timing au leur autant que vous le pouvez.

RÈGLE 72

Dites ce que vous voulez sans le demander

Certes, il est écrit sur la couverture de ce livre que vous pouvez obtenir ce que vous voulez sans avoir à le demander. Et c'est possible – peut-être pas toujours, mais la plupart du temps. Cependant, si vous avez besoin que ce soit quelqu'un d'autre qui vous le donne, il peut être nécessaire de lui faire savoir que c'est ce que vous voulez. Sans demander.

La façon la plus simple d'y parvenir, c'est tout simplement de dire ce que vous voulez. Sans formuler de demande. Vous pouvez par exemple laisser entendre à votre chef, lors de votre entretien annuel, que vous vous verriez bien grimper les échelons assez rapidement, ou que vous avez pour objectif, à terme, d'intégrer le côté relations publiques du marketing. La prochaine fois que l'opportunité d'une promotion ou de nouvelles responsabilités se présentera, il saura déjà que vous êtes intéressé. Donc s'il pense que vous avez vos chances, il viendra à vous.

Vous pouvez, de la même manière, faire comprendre à vos amis et à ceux que vous côtoyez quels sont vos objectifs. Lorsque quelqu'un est invité à rejoindre le bureau de l'association dont vous faites partie, vous pouvez dire : « Tant mieux pour lui. J'aimerais beaucoup faire ça aussi. » Si vous êtes entendu par quelqu'un qui n'aurait pas forcément pensé à vous, il gardera peut-être ça dans un coin de sa tête jusqu'à la prochaine fois.

Parlez à votre mère de votre amie qui emmène toujours sa sœur en vacances pour s'occuper des enfants avec elle. Dites-lui : « Je trouve que c'est vraiment une bonne idée. Ça doit tellement faciliter les choses d'avoir un adulte de plus dans la maison. » Peut-être qu'elle vous proposera de faire la même chose avant que vous le lui demandiez.

Si quelqu'un est en position de vous aider, et qu'il a envie de vous donner un coup de pouce, pourquoi ne le proposerait-il pas ? Je vais vous dire pourquoi : parce qu'il ne se doute pas que c'est ce que vous voulez. Il semblerait qu'un sondage auprès des célibataires montre que 98 % d'entre eux aimeraient que leurs amis les aident à trouver l'âme sœur, mais que quatre sur cinq ne leur en aient jamais vraiment parlé. Absurde, non ?

RÈGLE 73

N'abusez pas des sous-entendus

Faire comprendre aux autres ce que vous voulez (sans le demander explicitement) est une stratégie parfaitement judicieuse. Mais autant dire clairement « J'aimerais ceci », ou « Quelle bonne idée, j'aimerais beaucoup avoir la même chose » est une approche sensée, autant ça ne sert à rien de faire en permanence des allusions pas si fines que ça.

Une de mes tantes était une grande spécialiste des sous-entendus. « Oh, si seulement je pouvais passer Noël en famille. Ce doit être si merveilleux. » « Tu as de la chance d'avoir de si bons amis. Personne ne m'invite jamais à dîner. » Le fait est que ça nous agaçait tellement tous que nous ignorions volontairement ces perches tendues. Elles avaient un petit côté pleurnichard, teinté de chantage affectif, qui nous incitait à refuser tout simplement de jouer le jeu. Si elle avait juste demandé : « Est-ce que je peux me joindre à vous pour Noël? », nous lui aurions probablement dit oui. Ou tout simplement si elle nous avait dit qu'elle aimerait venir, sans insister lourdement.

Personne n'a envie de se faire harceler, surtout de façon détournée. Donc si vous choisissez l'approche « ne pas demander, juste faire savoir ce qu'on veut », il suffit de le dire une fois puis de passer à autre chose. Peut-être – si vous n'êtes pas sûr que le message soit passé – pouvez-vous en reparler une nouvelle fois quelques mois plus tard, ou bien en reparler devant quelqu'un d'autre. C'est tout. C'est une bonne approche si vous voulez éviter de demander (et même parfois si vous êtes prêt à demander), mais il ne faut pas en abuser en pensant que ça va faire l'affaire.

Après tout, la dernière chose à faire est d'exaspérer votre bienfaiteur potentiel. Alors faites-lui comprendre clairement et simplement ce que vous voulez, puis laissez les choses se faire. Évitez à tout prix les sous-entendus manipulateurs, ils ne peuvent avoir qu'un effet repoussoir sur les gens à qui ils s'adressent.

RÈGLE 74

Formulez des hypothèses

Une variante pour faire comprendre aux autres ce qu'on veut est de l'exprimer de façon hypothétique. Ça n'a pas plus (ni moins) de chances de vous faire obtenir ce que vous voulez, mais cette façon simple et franche de formuler une demande peut vous sembler plus aisée qu'une question directe. Cela permet en outre d'être beaucoup moins pressant – parce que ça n'oblige pas votre interlocuteur à vous répondre par oui ou par non. Donc, si vous êtes tant soit peu timide, cette technique peut vous faciliter les choses. Voici ce que ça donne.

- « Si jamais tu envisageais de vendre ce bout de terrain, ça pourrait m'intéresser. »
- « Si un poste se libérait dans le service des relations publiques, j'aimerais beaucoup proposer ma candidature. »

- « Si vous avez besoin d'un nouveau membre de bureau prochainement, sachez que je serais ravi de m'impliquer encore davantage dans l'association. »

Si vous êtes d'humeur téméraire, vous pouvez inverser le procédé et réclamer une réponse hypothétique :

- « Si j'arrivais à trouver des cours du soir pour apprendre une nouvelle langue, penses-tu que tu pourrais garder les enfants un soir par semaine ? »
- « Si on trouvait la maison de nos rêves et qu'elle était juste un petit peu au-dessus de nos moyens, est-ce qu'il y aurait moyen que toi et maman nous aidiez à compenser la différence ? »
- « Si Sabine est mutée comme prévu à Marseille, est-ce qu'il serait possible que je sois considérée comme sa suppléante ? »

Cette version appelle tout de même une forme de réponse, mais elle consiste plus à sonder le terrain auprès de la personne qu'à lui demander les choses directement. Et elle peut vous permettre de récolter des informations utiles pour vous aider à accéder à ce que vous voulez.

RÈGLE 75

Posez des questions

Voici une autre façon de demander sans vraiment avoir à demander. Elle consiste simplement à demander à l'autre personne ce qu'elle ferait à votre place. Comment s'y prendrait-elle pour arriver à ce que vous visez? Il y a de fortes chances qu'elle comprenne que vous cherchez à obtenir son aide et, si vous avez préparé le terrain en faisant tout pour être quelqu'un à qui cette personne a envie de dire oui, il est très probable qu'elle vous la propose.

Vous pourriez donc demander à votre boss comment il ferait pour intégrer les relations publiques s'il était à votre poste. Comment s'y prendrait-il? Ou dire à votre mère que vous trouvez les vacances si épuisantes avec quatre enfants que vous êtes un peu découragés à l'idée de partir. Que devriez-vous faire selon elle?

Prenez garde à ne pas donner l'impression que vous manipulez la personne délibérément pour la forcer à vous proposer son aide. Ça l'agacerait et aurait sur elle un effet dissuasif. Ce sont vraiment des conseils que vous demandez. Et si elle vous suggère une idée à laquelle vous n'aviez pas pensé, ça pourrait vous être véritablement utile, même si ça n'implique pas qu'elle-même vous apporte concrètement son aide.

RÈGLE 76

Demandez des conseils plutôt que du travail

Voici une façon toute en diplomatie de trouver un poste dans une nouvelle entreprise, ou un premier poste, ou une responsabilité dans une association bénévole. Pour tout vous dire, c'est comme ça que j'ai eu mon vrai premier poste.

Imaginons que vous vouliez travailler dans un domaine particulier, qui serait nouveau pour vous, et que vous souhaitiez rencontrer la personne qui pourrait vous faire embaucher à un tel poste. Si vous envoyez un courrier ou un e-mail pour demander à rencontrer une personne pour lui demander du travail, on vous fera très probablement une réponse négative. Personne n'aime avoir à refuser une candidature, et il est plus facile de refuser d'emblée la demande initiale d'entretien.

Alors ne demandez pas à être embauché. Précisez même que vous ne cherchez pas à obtenir un poste. Dites quelque chose dans l'esprit de : « J'ai conscience que vous n'avez pas de poste à pourvoir pour le moment, mais j'apprécierais énormément que vous me conseilliez sur les démarches pour intégrer le domaine/l'entreprise. » Ensuite, vous expliquez bien sûr pourquoi vous souhaitez tellement travailler dans ce domaine, et pourquoi c'est votre interlocuteur que vous jugez le plus apte à vous conseiller.

Peu de gens résistent à la flatterie, surtout quand elle est sincère. Sans la pression d'avoir à vous refuser une embauche, la plupart des gens accepteront de vous rencontrer pour vous faire partager leur expérience. Et, au final, s'ils décident que vous avez toute la motivation, les qualités, le savoir-faire et les connaissances dont ils ont besoin, pourquoi ne vous proposeraient-ils pas un poste? Et si ce n'est pas tout de suite, alors dès qu'ils auront un poste qui correspond à vos attentes? Ou bien ils peuvent vous recommander quelqu'un d'autre à contacter, et vous recommander à lui ou vous autoriser à le contacter de leur part. S'ils vous apprécient et que vous avez les qualités requises, ils auront envie de vous aider et ils auront les moyens de le faire.

RÈGLE 77

Faites demander par quelqu'un d'autre

Vous ne voulez pas avoir à demander : et si vous envoyiez quelqu'un le faire à votre place ? Ça ne marchera pas à tous les coups, mais ça peut réussir. Soit vous pouvez faire demander les choses directement, soit vous pouvez envoyer quelqu'un sonder la personne de façon à connaître sa réponse probable. Ce sera ensuite plus facile d'aller demander vous-même si vous savez déjà que l'on va vous dire oui.

Bon, d'accord, j'ai l'impression de me contredire : car, au final, vous aurez quand même à demander quelque chose à quelqu'un, en l'occurrence la personne qui jouera les intermédiaires. J'en ai bien conscience. Cette tactique est à privilégier dans les occasions où il est plus facile de transiter par un intermédiaire. Je pars du principe que vous pouvez toujours demander à des gens de faire des choses, et que c'est juste le sujet qui vous tient tant à cœur qui pose problème. Vous avez sans doute encore la possibilité de demander à votre chien de s'asseoir, à votre femme de vous passer le lait, à vos enfants d'aller mettre leurs chaussures… Mais il faut que vous trouviez quelqu'un à qui vous pouvez demander de se charger d'une certaine demande qui vous met mal à l'aise*.

Peut-être votre sœur peut-elle toucher deux mots à votre mère de votre souhait de la faire venir avec vous en vacances pour vous soulager en partie de la charge des enfants? Peut-être votre chef de projet peut-il demander à son supérieur si vous pourriez travailler de chez vous un ou deux jours par semaine? Peut-être votre meilleur ami peut-il demander à cette fille qui vous plaît si elle voudrait vous accompagner à une soirée?

Cette approche a pour avantage supplémentaire d'impliquer que la personne intermédiaire est de votre côté. Sinon, pourquoi accepterait-elle d'aller demander pour vous? L'autre personne aura donc plus de chances de prendre sérieusement en considération votre demande si vous avez des soutiens.

* Donc ne demandez pas à vos enfants d'aller voir si votre chef peut vous accorder une augmentation, ou à votre chien d'aller négocier un prêt auprès de votre banquier.

RÈGLE 78

Dites aux autres que vous avez besoin d'eux

Les gens aiment vraiment être flattés, vous savez. Je l'ai déjà dit. Et je répète que toute flatterie doit être sincère. Bon nombre de gens réagissent extrêmement bien au fait de se sentir nécessaires, et si c'est vrai, la flatterie n'a rien de vain.

Si vous avez besoin de quelqu'un, pourquoi ne pas le lui dire? Ça lui fera chaud au cœur et ça lui permettra de comprendre que si elle ne vous aide pas, vous n'irez pas chercher l'aide que vous sollicitez auprès de quelqu'un d'autre, parce qu'il n'y a pas de quelqu'un d'autre à qui demander. Vous comptez sur lui/elle et sur personne d'autre. Ça devrait lui mettre les idées au clair. Et l'aider à vous dire oui.

Mais juste une petite précision: ici encore, il faut prendre garde à éviter de ne pas donner l'impression que vous faites du chantage affectif. Vous n'essayez pas de faire culpabiliser la personne – vous voulez juste qu'elle sache qu'elle a un rôle à jouer dans vos plans. Si vous tombez dans le travers qui consiste à sous-entendre que, si elle ne vous aide pas, vos rêves les plus chers seront brisés à jamais, alors ce sera du chantage affectif et elle n'appréciera pas du tout. D'ailleurs, si elle a un peu de bon sens, elle ne vous aidera pas.

La clé de la différence réside dans le mot « affectif ». Si vous dites à quelqu'un de façon sereine et détachée que vous avez besoin de son aide, sans en rajouter indéfiniment, alors tout va bien. Si vous laissez vos émotions s'immiscer dans le procédé – en étant geignard, plaintif ou pathétique, en lui disant que, si elle ne vous aide pas, vous aurez à supporter ceci ou cela –, c'est que vous êtes allé trop loin. Surtout si vous insistez lourdement par la suite.

RÈGLE 79

Ne mettez pas la pression

Un de mes chefs avait une parade pour empêcher les gens de lui mettre la pression. Quand qui que ce soit essayait de le pousser à prendre une décision quelconque, il disait : « Si tu veux une réponse tout de suite, c'est non. » Ce qui était très appréciable, aussi brusque que cela puisse paraître, parce qu'il aurait aussi bien pu se contenter de dire non sans induire qu'on pouvait éventuellement obtenir un oui en attendant un peu. C'est en fait ce que font beaucoup de gens, parfois sans même en avoir vraiment conscience.

Le fait est que, pour la plupart des décisions, non est une réponse plus prudente que oui. Ça ne fait que maintenir le *statu quo* – quels problèmes peut-on récolter en déclinant simplement la demande de quelqu'un ? Très peu. Tandis que dire oui pourrait entraîner tout un tas de complications, de répercussions et de difficultés. On ne peut vraiment pas se permettre de dire oui quand on n'a pas eu tout le temps nécessaire pour prendre la mesure des conséquences possibles. Et lorsqu'on ne nous laisse pas ce temps – lorsqu'on nous met la pression pour donner une réponse –, il est bien moins risqué de dire non. Sans compter que c'est aussi plus rapide, plus facile, et que ça permet de se débarrasser de la question une bonne fois pour toutes.

Donc si vous voulez aider quelqu'un à vous dire oui, il est très important de ne pas essayer de lui faire prendre une décision le plus vite possible. Si vraiment la personne traîne des pieds, au point que ça pose problème, essayez de lui demander quand elle sera en mesure de donner une réponse. Ça permet d'afficher clairement votre position sans lui mettre la pression.

À titre de simple remarque, au passage, c'est une excellente réponse à faire aux autres lorsque vous ne voulez pas qu'ils vous mettent la pression. Personnellement, je trouve qu'elle fonctionne à merveille sur les enfants, qui essaient de vous prendre dans un moment d'inadvertance pour vous demander des choses que vous n'êtes pas sûr de vouloir leur donner. Essayez de dire : « Si tu veux une réponse tout de suite, c'est non » à un adolescent, et tout à coup il vous laissera prendre tout le temps que vous voulez pour y penser.

RÈGLE 80

Donnez pour recevoir

Ce serait merveilleux si tout le monde sur cette Terre n'était qu'altruisme et amour de l'humanité. C'est bien sûr le cas de certaines personnes, mais même ces individus ont des souhaits personnels. Alors donnez-leur quelque chose en échange de leur oui.

Je ne veux pas dire un bouquet de fleurs ou une boîte de chocolats – même s'il peut y avoir des moments où c'est très approprié. Je veux dire *avant* qu'on vous dise oui. Faites-leur savoir que vous aider leur sera bénéfique d'une façon ou d'une autre.

Non, je ne parle pas de faire du chantage. Je ne vous encourage pas à glisser à votre chef une enveloppe pleine de gros billets afin qu'il propose votre nom pour superviser un gros projet en échange. Je ne parle en tout état de cause pas de faire quoi que ce soit de conditionnel pour qu'on vous dise oui. Je dis juste que vous devriez essayer d'attirer l'attention des personnes concernées sur les avantages qu'ils pourraient tirer personnellement du fait de vous dire oui.

Si votre père garde vos enfants, il aura ainsi un moment tout seul avec eux, suivi d'une soirée paisible une fois qu'ils seront couchés. Si le prochain responsable des relations publiques vient de l'équipe de votre chef, ce sera bon pour son image dans l'entreprise. Si votre conjoint vous aide à perdre du poids, vous aurez plus de chances d'être partant pour des vacances qui implique de passer des heures au soleil en maillot de bain. Si vos beaux-parents vous aident à acheter une maison, vous pourrez vous installer plus près de chez eux*.

Parfois il s'agit d'un avantage que vous pouvez accorder à vos interlocuteurs (« on pourrait emménager plus près de chez vous »), parfois il s'agit juste d'attirer leur attention sur un avantage qui viendra automatiquement si vous obtenez ce que vous voulez. Quoi qu'il en soit, veillez à leur montrer clairement toutes les façons dont le résultat que vous escomptez pourrait leur permettre d'obtenir eux aussi quelque chose qui leur tient à cœur.

* Ou plus loin – je ne sais pas comment ça se passe entre vous et vos beaux-parents.

RÈGLE 81

Faites-lui croire que c'était son idée

Si vous êtes tant soit peu comme moi, c'est contre votre nature de laisser qui que ce soit s'accorder le mérite de vos bonnes idées. Mais, en l'occurrence, la question n'est pas de savoir à qui reviendra le mérite. La véritable récompense, c'est ce fameux objectif que vous cherchez à atteindre et qui vous a fait ouvrir ce livre. Quelle importance de laisser un peu de mérite en chemin? D'ailleurs, pour faire suite à ce que je disais à la page précédente, si l'autre personne pense qu'elle peut gagner un peu de mérite pour une bonne idée, pourquoi ne pas le lui accorder? C'est gagnant-gagnant.

Tout ce que vous avez à faire est de suivre les étapes logiques qui mènent à cette idée sans aller jusqu'à sa conclusion. Puis d'attendre simplement que la personne termine la phrase à votre place. « Bien sûr, ce serait super de vivre plus près de chez vous mais, dans ce coin-là, le prix des maisons est légèrement plus élevé. Je ne crois pas que nous pourrions y avoir une quatrième chambre et nous en avons vraiment besoin. Il nous manque quelques milliers d'euros pour avoir l'apport nécessaire. Nous allons devoir attendre quelques années avant de déménager et de n'avoir que quelques rues à traverser pour se voir… » Ce à quoi, avec un peu de chance, votre mère répondra : « À moins que… Peut-être qu'on pourrait vous prêter cette somme-là… Ce serait si bien de vous avoir tout près », à quoi vous répondrez : « Quelle bonne idée ! » Et maintenant que c'est son idée et non la vôtre, c'est beaucoup plus difficile pour elle de changer d'avis.

Parfois, si la personne y est presque mais pas totalement, vous pouvez attendre que le dialogue ait un peu avancé – peut-être une semaine ou deux – puis dire : « Tu sais, je trouve que ton idée d'augmenter notre budget/de déménager/d'associer nos efforts était vraiment bonne/pleine de bon sens/tout à fait jouable. » Si vous louez l'idée, il y a peu de chances qu'elle la renie, et puis peut-être qu'elle ne se souvient pas bien, et que c'était vraiment son idée…

RÈGLE 82

Découragez les mauvaises idées

Bien sûr, vous n'êtes pas le seul à avoir des idées. D'autres auront aussi des suggestions à faire et des plans à proposer. Certains seront bons, certains serviront peut-être même directement vos intérêts, et d'autres… eh bien, d'autres seront purement et simplement de mauvaises idées. Et, en plus, il se pourrait qu'elles risquent de se mettre en travers de votre chemin. Comme la suggestion de votre conjoint de faire venir habiter vos beaux-parents chez vous. Ça peut convenir à certains, mais dans votre cas ça serait clairement un désastre. Ou bien la suggestion de votre collègue que vous vous relayiez, chacun à tour de rôle, pour superviser l'organisation du Salon professionnel annuel plutôt que d'avoir un chef de projet attitré. Ou encore lorsque votre meilleure amie insiste pour que vous fassiez avec elle le dernier régime farfelu à la mode.

Je connais un couple qui est ensemble depuis de nombreuses années. Lui est assez enclin à faire des suggestions qu'elle n'arrive pas à approuver. Mais si elle dit qu'elle n'est pas d'accord, la situation devient vite conflictuelle et, le plus souvent, le mari se montre de plus en plus buté. C'est le risque quand on n'est pas d'accord avec quelqu'un : on attire l'attention sur son idée, ce qui l'encourage à la défendre encore plus activement, ce qui est le contraire de ce qu'on souhaite. Donc, dans le cas de ce couple (et probablement de bien d'autres), au fil des années la femme a fini par élaborer une technique très efficace. Lorsque son mari émet une idée qui ne lui plaît pas, elle dit juste « Mmmm ». Face à ce manque flagrant d'enthousiasme, mais sans opposition directe, il finit généralement par laisser tomber.

Donc, n'essayez pas de vous opposer aux idées qui se mettent en travers de votre chemin en haussant le ton. Contentez-vous de les ignorer, et il y a de bonnes chances pour qu'elles se fassent oublier d'elles-mêmes.

RÈGLE 83

Demandez les conditions à remplir

Voici une technique géniale pour faire valoir une revendication d'ordre professionnel (promotion, augmentation, avantages en tous genres), qui peut fonctionner aussi pour d'autres choses, comme pour obtenir un prêt de votre banquier. Ça demande un peu de patience, mais vous finirez par arriver à vos fins. Et nous savons tous que quand on veut vraiment quelque chose, ça vaut la peine d'attendre.

Si votre chef a décliné votre demande – ou si vous ne voulez pas demander ou avez l'impression que ça ne passera pas pour le moment –, posez cette question imparable : « Qu'est-ce qu'il faudrait que je fasse pour mériter une augmentation (ou ce que vous voulez) dans six mois? »

Si on y réfléchit bien, il ne peut vraiment pas vous répondre : « Rien. » Ça reviendrait à vous dire que vous ne pouvez pas apporter plus à l'entreprise. Et donc qu'il ne souhaite pas que vous fassiez toujours mieux ou que vous amélioriez vos résultats… Ce qui serait contre-productif.

Donc, il est bien obligé de vous donner une réponse. Et quelle que soit cette réponse, vous allez en faire votre objectif. Si vous arrivez à remplir les conditions en six mois, votre chef devra vous accorder une augmentation. Surtout si, à la suite de votre entretien, vous lui envoyez un mail pour récapituler ce qui vient d'être dit.

Bien entendu, ce ne sera pas forcément en six mois – vous pouvez proposer le délai qui vous semble le plus raisonnable. Mais il est important que votre chef vous réponde de façon claire et précise. Ça ne sert à rien de vous dire simplement que vous devez « faire augmenter les ventes » ou « développer vos compétences ». Faire augmenter les ventes dans quelles proportions? Quelles compétences? Il faut être précis pour qu'il n'y ait rien à argumenter si vous y arrivez.

Si votre chef essaie de louvoyer en disant qu'il ne sait pas exactement, que les finances sont basses et qu'il ne sait pas ce qu'en penserait le comité de direction, demandez-lui de se renseigner sur ces questions. Et envoyez-lui des e-mails pour le lui rappeler jusqu'à ce qu'il le fasse. Gardez bien à l'esprit que vous ne demandez pas l'aumône. Vous demandez dans quelles conditions ce que vous apportez à l'entreprise lui serait suffisamment bénéfique pour que vous soyez payé davantage…

RÈGLE 84

Constituez-vous une équipe

Si vous voulez que quelqu'un fasse pour vous un geste important, qui exige du temps, de l'argent, de l'engagement, de l'effort ou des sacrifices, alors il cherchera sûrement à prendre des conseils ou à consulter d'autres gens. L'équipe de direction voudra recueillir le point de vue de tout le monde sur cette idée d'ouverture d'une nouvelle agence (celle que vous voulez diriger). Vos parents demanderont à vos frères et sœurs leur opinion sur un éventuel déménagement dans une maison plus petite et plus près de chez vous. Et cet homme pour lequel vous avez un gros faible pourra vouloir savoir ce qu'en pensent ses amis avant de vous inviter à dîner.

Il est donc logique d'essayer de mettre autant de gens que possible de votre côté avant de faire votre requête à la personne cruciale. Comme ça, les avis qu'elle récoltera lorsqu'elle commencera à en demander seront en votre faveur. Si tout le monde lors d'une réunion est favorable à l'idée d'une nouvelle agence, il y a beaucoup plus de chances pour que l'équipe de direction soit d'accord. Vos parents seront bien plus disposés à déménager si tous les enfants soutiennent ce projet.

Alors allez voir tous ces gens pour les convaincre de votre cas. Si ça vous impressionne un peu, considérez chacun d'eux comme un défi en lui-même, et utilisez toutes les stratégies que nous avons abordées pour obtenir leur soutien. Ça demandera peut-être du temps, et certainement des efforts, mais ça en vaut ô combien la peine si c'est pour avoir l'appui de quasiment tout le monde !

4

Et si vraiment vous devez demander…

OK, j'ai menti. Du moins, pas exactement. Je vous ai dit que je vous dirais comment obtenir ce que vous voulez sans avoir à le demander, et je l'ai fait. J'ai juste omis de préciser que, dans certains cas, il n'y a pas d'autre solution que de demander.

Pour me faire pardonner de vous avoir un peu dupé, je vais maintenant ajouter quelques conseils pour que, si vous vous trouvez dans une de ces situations où vous êtes obligé de formuler une demande, ça soit aussi indolore et efficace que possible.

Idéalement, vous pouvez vous exercer à pratiquer ces techniques jusqu'à ce que vous trouviez que, finalement, demander, ce n'est pas si difficile que ça. Après tout, ça peut être la façon la plus simple et la plus immédiate d'obtenir ce que vous voulez. Ce qui ne veut pas dire que tout le reste de ce livre ne sert à rien, parce que la plupart des tactiques, des ruses et des stratégies que nous avons abordées vous seront de toute façon utiles. Mais savoir demander le plus simplement du monde sera probablement une corde de plus à votre arc.

Le moment est donc venu de l'y ajouter.

Voici comment obtenir ce que vous voulez sans avoir à le demander deux fois.

RÈGLE 85

Soyez clair sur ce que vous demandez

Bien sûr, certaines demandes peuvent être claires et limpides. Est-ce que je peux prendre mon vendredi pour aller à un mariage dans ma famille? Puis-je avoir une augmentation d'autorisation de découvert? Est-ce que tu voudrais dîner avec moi? Mais, bien souvent, les choses ne sont pas aussi simples que ça. Imaginons que vous vouliez que votre conjoint vous aide à perdre du poids et que vous lui demandiez de vous soutenir. Comment? Vous voulez qu'il vous sermonne à chaque fois que vous plongez la main dans un paquet de biscuits? Qu'il accepte d'arrêter de préparer certains plats? Qu'il se mette au régime avec vous? Il faut savoir clairement ce que vous demandez, sinon comment saura-t-il s'il veut vous dire oui?

Voici un autre exemple. Vous voulez que votre chef vous donne plus de responsabilités. Donc vous le lui demandez. Et il vous dit:

« Quelles responsabilités supplémentaires veux-tu ? Quand veux-tu commencer ? Vas-tu avoir besoin de plus de ressources ? Es-tu prêt à faire de plus longues journées de travail ? » Il est bon d'envisager toutes ces possibilités et vos réponses éventuelles à ces propositions.

Et si la réponse de votre chef est négative, est-ce que vous laissez tomber, ou est-ce que vous lui demandez de reconsidérer la question si vous vous inscrivez à une formation en soirée pour affiner vos compétences, ou si vous prenez de l'expérience dans les mois qui viennent, ou si vous attendez que quelqu'un dans le service change de poste ?

N'entamez pas la conversation avant d'avoir réfléchi à toutes les éventualités, et d'avoir clairement à l'esprit ce que vous demandez exactement. Parce que si vous, vous ne le savez pas, ce ne sont certainement pas les autres qui vont le savoir. Et s'ils ne savent pas exactement à quoi ils consentent, eh bien… c'est plus facile de dire simplement non.

RÈGLE 86

Choisissez votre moment

Hier soir, j'étais occupé à essayer de préparer un repas pour ma famille. On n'avait plus de fuel, ce qui fait que le piano de cuisine* ne marchait pas, et j'ai dû utiliser la minable petite cuisinière électrique de secours qui ne fonctionne jamais correctement. J'étais rentré tard du travail (parce que j'écrivais ce livre), donc je manquais de temps. Pendant les rares moments que me laissait la préparation du dîner, il fallait aussi que je m'occupe du pique-nique de mon fils cadet pour le lendemain et que je mette le linge à sécher. J'essayais aussi de faire avaler un comprimé à un chat récalcitrant. C'est ce moment-là qu'a choisi mon fils pour me demander s'il pouvait faire des gâteaux. Devinez ce que je lui ai dit? (En évitant, s'il vous plaît, d'utiliser le vocabulaire que j'ai marmonné dans ma barbe…)

Si vous voulez que quelqu'un vous dise oui, le bon moment pour lui demander quelque chose, c'est quand il est joyeux, serein, détendu, heureux de vivre et en harmonie avec l'univers. Si vous n'arrivez pas à le saisir dans cette humeur-là, attendez au moins qu'il soit de bonne humeur et pas pressé par le temps. Trouver le bon moment peut sembler être un détail mineur, mais le fait de choisir le mauvais est en fait une des raisons les plus fréquentes pour lesquelles les gens disent non.

* Oui, je suis le genre de personne qui a un piano de cuisine. Et un chat qui dort devant (sauf quand il est froid parce qu'il n'y a plus de fuel).

RÈGLE 87

Fixez un rendez-vous

Parfois on sait qu'on obtiendra ce qu'on veut si on arrive à trouver le moment où la personne est dans l'humeur adéquate. Et ça peut être un petit pas de plus (mais un pas important) vers votre objectif final. Essayer de trouver le meilleur moment pour aborder quelqu'un est une stratégie qui fonctionne avec certaines personnes, mais d'autres sont toujours occupées et ne donnent jamais l'impression d'être totalement à l'écoute. Il se peut que vous ayez un point crucial à aborder, voire le point essentiel, il est donc très important que vous puissiez parler de ce que vous voulez dans le détail. Peut-être devez-vous convaincre votre moitié que c'est le moment de fonder une famille, ou persuader votre chef de vous accorder un entretien pour le poste qui vient de se libérer.

Dans ce cas, il est primordial que vous ayez toute son attention pendant quelques minutes au moins. Ça ne peut tout simplement pas marcher si la personne doit se sauver avant que vous ayez terminé de demander. Alors la solution est simple : réservez un moment à l'avance. Ne vous contentez pas d'attendre que vienne un jour plus calme pour aller parler à votre chef : demandez-lui un rendez-vous. S'il veut savoir pourquoi, dites que vous voulez parler de votre travail ou de vos performances.

Dans le cas de votre conjoint, si il/elle a tendance à être perpétuellement occupé(e) à la maison, vous pouvez organiser une promenade ou un dîner à l'extérieur pour pouvoir lui parler seul à seul suffisamment longtemps. Pour ce qui est d'un voisin ou d'un ami, vous pouvez l'inviter à dîner ou à sortir prendre un verre. Qu'il s'agisse d'un rendez-vous formel ou d'une simple entrevue amicale, le but est de réserver un moment pendant lequel vous ne serez pas dérangé ni interrompu de façon, à pouvoir concentrer toute votre attention sur ce que vous allez demander.

RÈGLE 88

Sachez reporter quand c'est nécessaire

Voilà, vous avez pris rendez-vous pour ce projet qui vous tient tant à cœur. Mais il peut arriver que vous vous aperceviez avant ce rendez-vous qu'en fait vous n'y êtes pas bien préparé. Peut-être que vous alliez vous y préparer et que de fâcheux imprévus vous en ont empêché. Ou bien peut-être n'avez-vous découvert un détail crucial qu'à la dernière minute. Quelle qu'en soit la raison, vous voici censé aller voir votre chef, la directrice de l'école de vos enfants, votre mère, votre conseiller bancaire, votre voisin – bref, la personne auprès de qui ça se joue – dans quelques heures, et vous vous rendez compte que vous n'êtes pas prêt. Il y a des questions que la personne pourrait soulever, ou des arguments qu'elle pourrait vous opposer et pour lesquels vous n'avez pas de réponse satisfaisante. Que faire ?

Eh bien, vous reportez. Demandez un nouveau rendez-vous plus tard, ou dites que vous préféreriez avoir cette conversation plutôt la semaine prochaine. Je sais, vous ne voulez pas froisser les gens, et vous n'avez pas envie d'attendre. Mais que pouvez-vous faire d'autre ? Vous n'aurez qu'une occasion de faire une première approche réussie : il n'y a rien de plus difficile que de devoir revenir en arrière et de réitérer une demande qui n'a pas abouti une première fois par manque de préparation. Ça vaut bien la peine d'attendre quelques jours de plus, sachant que vous aurez eu le temps de réviser vos fiches sur le bout des doigts d'ici-là, et que ça vous permettra d'arriver avec une approche percutante et cohérente à laquelle, on ne pourra pas vous dire non. Et ça, c'est loin d'être du temps perdu.

RÈGLE 89

Préparez vos arguments

Vous avez maintenant les idées claires sur ce que vous allez demander exactement. Cependant, il vous faut également avoir à l'esprit quelles raisons l'autre personne peut avoir d'accepter. Le mieux que vous ayez à faire est donc maintenant de chercher trois bonnes raisons pour lesquelles elle devrait vous dire oui.

Ce qui n'est pas la même chose que les trois raisons pour lesquelles vous voulez la chose en question. La voisine qui pourrait vous servir de baby-sitter se moque sans doute bien que vous ayez envie d'apprendre l'italien ou que vous obteniez un poste plus haut placé. Vous avez par contre plus de chances de la convaincre de répondre favorablement à votre demande si vous lui dites que vous pourrez lui rendre un grand service en retour, par exemple en tondant sa pelouse tous les samedis, ou que votre mère est prête à prendre le relais une fois de temps en temps, ce qui fait que vous aurez quelqu'un d'autre sur qui compter si votre voisine ne peut pas garder votre enfant certaines semaines.

Votre moitié vous aime peut-être comme vous êtes, mais il/elle verra mieux l'intérêt de vous aider à perdre du poids si vous lui expliquez que vous serez mieux dans votre peau, que vous serez de bien meilleure humeur si vous n'avez pas à le/la regarder déguster des raclettes ou des pâtisseries, et que vous pourrez aller faire ces longues randonnées ensemble si vous êtes plus mince et plus en forme.

Votre chef a besoin d'entendre pourquoi il devrait vous augmenter : vous avez une nouvelle fois dépassé vos objectifs, vous connaissez maintenant sur le bout des doigts un logiciel important que vous ne saviez pas utiliser auparavant, et vous avez pris de nouvelles responsabilités.

Alors, lorsque vous irez demander ce que vous avez à demander, n'oubliez pas d'énumérer clairement ces trois raisons de vous dire oui, et de vous assurer que la personne en question sait exactement quels avantages elle aura à vous dire oui.

RÈGLE 90

Faites des séances de répétition

Je crois deviner que, si vous lisez ce livre, c'est que vous n'êtes pas forcément complètement à l'aise lorsqu'il s'agit de demander une chose importante. Si vous avez suivi tous les conseils que renferment ces pages, alors vous vous êtes donné les meilleures chances possibles : vous avez donné envie à l'autre personne de vous dire oui, et vous lui avez facilité cette possibilité au maximum. Tout ce qu'il vous faut maintenant, c'est un petit peu plus d'assurance.

Et l'assurance, ça se gagne en sachant exactement ce qu'on fait. Donc, avant d'aborder la personne en chair et en os, répétez, répétez et répétez ce que vous allez lui dire. Faites-le devant un miroir, ou avec un ami si vous pouvez. Recommencez jusqu'à ce que vous vous sentiez parfaitement maître de vous et que vous ayez les mots justes ou les chiffres exacts tout prêts.

Il ne s'agit pas d'écrire un script et de le répéter mot à mot. Ça ne ferait pas naturel et ça vous mettrait encore moins à l'aise. Vous pouvez éventuellement avoir quelques bribes de phrases toutes prêtes, mais sinon c'est sur le fonds que vous devez avoir les idées claires, et les mots viendront naturellement. Le but est d'être sûr que même si vous êtes nerveux, ou stressé, ou anxieux, ou sous pression, vous ne laissiez pas de côté quelque chose d'important, qui pourrait faire toute la différence pour la personne à qui vous vous adressez. Alors exercez-vous jusqu'à ce que vous soyez sûr de pouvoir :

- vous rappeler tout ce que vous voulez dire, même sous pression ;
- vous rappeler vos trois points clés ;
- vous rappeler quelques phrases précises dont vous pensez qu'elles vous aideront à convaincre ;
- vous rappeler tous les faits et chiffres essentiels dont vous pourrez avoir besoin.

Voici venu le moment auquel vous vous préparez depuis des jours, des semaines, voire peut-être des mois. Vous ne pouvez pas vous permettre de tout faire capoter en bafouillant ou en vous prenant les pieds dans le tapis une fois que vous y serez.

RÈGLE 91

Anticipez les questions et préparez vos réponses

Bien, vous avez donc répété votre texte. Mais qu'en est-il des répliques de votre interlocuteur? Que va-t-il dire, lui? D'ailleurs, comment pourriez-vous avoir vraiment répété votre texte en entier sans savoir quelle sera sa réaction? Vous ne pouvez pas, bien sûr. Ce que vous avez répété, c'est votre tactique d'approche – vous vous êtes exercé à poser les bases. Mais dès que la personne répondra, vous serez dans l'inconnu. Vous n'avez aucune idée de ce qu'elle va vous dire, donc vous n'y êtes absolument pas préparé. S'il s'agit d'une grande décision, il y a très peu de chances qu'on vous dise oui d'emblée, non? La personne voudra en discuter, poser des questions, évoquer des alternatives, je ne sais pas – tout peut arriver.

Enfin, non pas tout. Il est vrai que vous ne savez pas exactement ce qu'on vous dira, mais vous avez tout de même une petite idée des possibilités. Après tout, vous avez déjà réfléchi aux raisons pour lesquelles on pourrait vous dire non, et à ce qui pourrait permettre de vous dire oui plus facilement. Donc si on ne vous dit pas oui tout de suite, c'est très probablement qu'on vous opposera une des objections que vous avez déjà envisagées.

Vous pouvez donc vous préparer complètement, en répétant aussi les contre-arguments que vous avez préparés à ces objections, jusqu'à ce que vous sachiez les formuler avec autant de conviction que votre requête initiale. Lorsque vous aurez exploré toutes les options, vous vous rendrez compte que vous avez répété les répliques de l'autre personne en plus des vôtres. Comme c'est attentionné de votre part!

RÈGLE 92

N'épiloguez pas

Vous voici donc enfin à ce rendez-vous capital. Vous êtes assis en face de votre chef – ou de la personne concernée – et vous êtes en train de lui demander ce que vous voulez. Vous exposez votre point de vue de façon claire et convaincante, en vous appuyant sur vos trois arguments clés, sans oublier de souligner les raisons pour lesquelles il a tout intérêt à vous dire oui.

Une fois arrivé à la fin du petit speech que vous avez préparé, vous marquez une pause. En face de vous, la personne réfléchit. Elle ne réagit pas tout de suite. Du coup, vous profitez de cette pause pour ajouter un autre argument, puis un autre, et encore un autre… Stop ! Rembobinez ! Une fois que vous avez dit tout ce qu'il y a à dire, taisez-vous. Attendez que l'autre prenne la parole. La balle est dans son camp. Si votre interlocuteur ne se montre pas embarrassé, il n'y a aucune raison que vous le soyez.

Le problème avec votre façon de faire, c'est que, en ajoutant sans cesse de nouvelles informations, vous interrompez le cours de la réflexion de votre interlocuteur alors qu'il est en train de se demander s'il peut vous dire oui. Ce qui est déjà très dommage. Mais ce n'est pas la seule façon dont vous risquez d'aggraver votre cas. En plus de l'agacer (alors que vous avez tout intérêt à ce qu'il soit de bonne humeur, vous vous rappelez?), vous risquez de l'embrouiller avec des informations superflues. Vous avez passé beaucoup de temps à préparer une approche claire et succincte, alors ne prenez pas le risque de tomber dans la confusion à la fin de votre prestation.

Il peut aussi arriver que vous mettiez les pieds dans le plat par inadvertance : « … et ça n'aura aucune incidence sur le contrat TMK. » Ah, le contrat TMK. Votre chef l'avait justement oublié, celui-là. Mais maintenant que vous y faites allusion, il n'est pas sûr que ça n'aura pas d'incidence dessus. Hmmm. Ce n'est peut-être pas une si bonne idée que ça, finalement. Vous voyez? Si vous n'ouvrez pas la bouche, vous ne risquez pas de gaffer.

Bon, j'arrête là. Je ne vais pas épiloguer sur le sujet.

RÈGLE 93

Notez par écrit vos arguments clés

Vous avez maintenant posé à votre chef, ou au conseil d'administration, ou à votre banquier, une question qui appelle une grande décision. Il va falloir qu'il y réfléchisse. Peut-être aussi qu'il en parle avec d'autres gens, ou même demander l'approbation d'une personne plus haut placée.

Bien entendu, vous ne serez pas là à ce moment-là. Alors comment allez-vous être sûr qu'il fera justice à votre requête? Et s'il oubliait les points essentiels? S'il omettait de citer ces statistiques cruciales qui appuient si bien votre idée? S'il se trompait dans les chiffres? Comment éviter ça?

Il y a un moyen très simple de le faire. Il suffit d'arriver à ce rendez-vous avec un récapitulatif écrit et de le lui donner. Pas plus d'une page, avec une présentation claire et structurée, des sauts de paragraphe, et bien aéré. Vous savez: suffisamment facile à lire pour qu'on puisse repérer les points essentiels au premier coup d'œil. Personne ne va se donner la peine de lire une page entière de texte compact présenté d'un bloc.

Pensez comme ce serait rassurant. Quelle que soit la personne que votre interlocuteur ira voir, ou à tout moment où il se mettra à réfléchir à sa décision, vous saurez qu'il a sous la main tous les faits et arguments dont il pourrait avoir besoin, et vous saurez qu'ils sont exacts parce que vous les lui aurez fournis vous-même.

RÈGLE 94

Ayez une idée précise de la limite que vous ne voulez pas dépasser

Bien sûr, une fois votre demande faite, vous n'aurez pas forcément une réponse immédiate. Vous pouvez aussi avoir une réponse conditionnelle. Autrement dit, il faudra négocier. Et, à la fin de la négociation, il faudrait que vous ayez obtenu quelque chose de satisfaisant.

Et où est la limite exacte entre ce qui l'est ou pas?

Il faut que vous connaissiez la réponse à cette question, sinon vous risquez de vous retrouver à accepter quelque chose qui ne vous avance à rien. Avant d'engager le dialogue, vous devez savoir quel est le minimum dont vous puissiez vous satisfaire. Que vous soyez en train d'acheter une maison, de demander une augmentation, de négocier un prêt, ou un devis pour des travaux, si vous ne savez pas ça avant de commencer, ça peut vous jouer des tours.

Le plus souvent, les choses ne sont pas si simples à trancher. Même s'il suffit parfois d'un oui ou d'un non pour décider, ou d'un chiffre précis – combien vous êtes prêt à payer pour cette voiture, par exemple –, il y a aussi de nombreux cas qui impliquent plusieurs variables. Il se peut que vous acceptiez une augmentation moins importante si on vous promet que votre salaire sera de nouveau revu à la hausse l'année prochaine. Tout dépend alors du montant de cette nouvelle augmentation. Et du moment de l'année où elle doit intervenir. Et peut-être des autres avantages dont elle peut s'accompagner. Vous voyez ? Toutes ces questions peuvent se moduler entre elles.

Si la personne vous répond un peut-être plutôt qu'un oui, vous devez être prêt à discuter de tout ça. En gardant cependant à l'esprit la limite que vous ne voulez pas dépasser : inutile en effet de vous lancer dans des négociations si cela n'en vaut pas la peine.

RÈGLE 95

Demandez plus pour obtenir ce que vous voulez

Il y a toujours des gens qui essaient forcément de tirer sur la corde. Rappelez-vous la scène de *La Vie de Brian*, des Monthy Python, dans laquelle Brian essaie d'acheter dans l'urgence quelque chose sur un marché avant que ses poursuivants le rattrapent. Il veut donner l'argent au vendeur, qui refuse de lui céder l'objet s'il ne marchande pas. Il est parfois justifié de faire négocier quelqu'un qui en demande un peu trop, mais beaucoup de gens le font sans même avoir une raison.

Alors commencez par demander plus que ce que vous voulez. Comme ça, après qu'on vous a fait revoir vos attentes à la baisse, vous aurez tout de même ce que vous espériez réellement. Et puis, il se peut que ce que vous demandez au départ semble très excessif à la personne. Lorsque vous ferez baisser les enchères, elle appréciera cette concession et le chiffre final lui semblera moins énorme.

Imaginons que vous vouliez que votre sœur vous garde vos enfants deux soirs par semaine pendant une heure, jusqu'à ce que vous rentriez du travail. Commencez par lui demander si elle peut trois soirs. Pendant qu'elle réfléchit, dites-lui que vous vous rendez compte que c'est beaucoup lui demander – peut-être pourrait-elle venir deux jours seulement? Deux jours de baby-sitting lui sembleront beaucoup plus faisables si elle a commencé par en envisager trois, et il y a donc plus de chances qu'elle trouve la demande acceptable.

Je ne vous encourage pas à être manipulateur, ce n'est jamais une bonne approche. Je pars du principe que trois jours seraient effectivement mieux que deux, mais que vous avez conscience que deux est le maximum que vous puissiez raisonnablement demander. Ne demandez pas plus que vous ne pouvez en accepter, mais juste plus que ce que vous pensez pouvoir obtenir.

RÈGLE 96

Ne faites pas de menaces en l'air

Ni aucune sorte de menace, d'ailleurs. Les menaces, c'est mesquin. Mais rien que par dignité envers vous-même, évitez de dire ou de sous-entendre que si la personne ne fait pas ce que vous voulez, vous démissionnerez, ou vous ne l'aiderez plus jamais, ou vous ne serez plus son ami, ou vous ne lui causerez plus à la récré – oui, parce que c'est à peu près aussi puéril que ça. Et non seulement c'est puéril, mais c'est contre-productif.

Déjà, il se peut qu'on démasque votre bluff. Vous vous sentirez bien malin si votre chef vous dit : « Très bien, vous allez devoir chercher un autre travail. » Parce qu'il vous restera à choisir entre démissionner ou perdre la face en restant tout de même. En plus, si vous restez, votre chef se dira désormais qu'il peut vous dire non en toute impunité.

Les menaces font toujours très mauvais effet, et la personne a beaucoup plus de chances de vous dire non la prochaine fois si elle se sent menacée cette fois-ci. Votre voisine ne voudra sans doute plus jamais garder vos enfants. Votre mère ne reviendra pas sur sa décision pour le déménagement. Et tout ce pourquoi vous pourrez avoir besoin d'eux à l'avenir… eh bien, vous pourrez vous asseoir dessus.

Mais imaginons que la menace soit tout ce qu'il y a de plus sérieuse et que vous envisagez vraiment de démissionner si votre chef ne vous accorde pas d'augmentation. Dans ce cas, ne le lui dites pas : ça ressemblera à du chantage dans tous les cas de figure. Contentez-vous de le faire. S'il refuse, commencez à chercher un autre travail et, lorsque vous démissionnerez, vous pourrez expliquer – avec regret mais politesse – que vous avez dû prendre un travail offrant de meilleures perspectives. Si le fait de vous voir partir est susceptible de le faire changer d'avis, il vous fera une proposition pour vous convaincre de rester. Et si ce n'est pas le cas, c'est que la menace n'aurait de toute façon pas marché (et n'aurait en plus rien apporté de bon à vos références professionnelles).

RÈGLE 97

Prenez le temps de réfléchir

Les négociations se sont plutôt bien passées. On ne vous a pas donné un accord pour tout, mais on vous a proposé un compromis. Votre interlocuteur veut bien vous prêter de l'argent, mais seulement la moitié de la somme demandée, vous accorder une augmentation moins importante mais accompagnée d'autres avantages, garder vos enfants mais seulement une semaine sur deux, passer plus de temps avec vous à défaut de sortir avec vous, accepter votre proposition mais ne pas se charger des réparations du toit, etc.

Mhhh. Est-ce que ça vous convient? Il se peut que ce soit difficile à dire. Dans ce cas, ne dites rien. Ne vous sentez pas obligé de prendre une décision rapide, même si l'autre personne essaie de vous y pousser. Après tout, il s'agit de quelque chose de très important pour vous. Vous ne pouvez pas passer tout ce temps à préparer le terrain pour ensuite vous précipiter sur une décision prise sans plus de conviction que ça. Et s'il s'avérait que ce n'était pas ce que vous attendez?

Vous avez toujours le droit de dire: « C'est une idée/proposition/ recommandation intéressante. » Puis de demander quel délai vous avez pour répondre, ou d'en suggérer un vous-même.

Vous aurez ainsi plus de temps non seulement pour réfléchir, mais aussi, si nécessaire, pour réunir davantage d'informations pour vous décider. Renseignez-vous plus précisément sur les prix des travaux de couverture, demandez à votre sœur si elle peut vous garder vos enfants les autres semaines, regardez s'il y a un moyen d'alléger davantage encore le budget, faites le compte des économies que vous allez réaliser en travaillant chez vous ou en ayant une voiture de fonction. Lorsque vous aurez les idées précises sur tous ces points, alors vous serez en mesure de prendre une décision éclairée et satisfaisante.

RÈGLE 98

Mettez la décision par écrit

Génial ! On vous a dit oui ! Félicitations. Maintenant, restons calmes et réfléchissons quelques instants. Vous a-t-on dit oui sans réserve ou y avait-il des conditions ? Votre délai a-t-il été accepté ? Qui d'entre vous doit se charger de confirmer auprès de Mathieu ? Est-ce que vous pourrez tout de même prendre vos vacances en mars ?

Et si vous êtes sûr de connaître la réponse à ces questions, êtes-vous sûr que c'est également le cas de l'autre personne ? Et que vous vous souviendrez tous les deux de la même version la semaine prochaine ? Non, vous ne pouvez pas être sûr de ça. À moins, bien sûr, de le mettre par écrit.

S'il y a beaucoup de détails à couvrir, emmenez un bloc-notes et un stylo avec vous lors de l'entrevue. Et que vous l'ayez fait ou pas, s'il y a le moindre risque que l'autre personne change d'avis, ou essaie de modifier les conditions, ou oublie une partie des détails, il faut que vous mettiez tout ça par écrit après coup. S'il s'agit d'un rendez-vous d'ordre professionnel, cela semblera parfaitement normal, vous pouvez donc tout simplement transmettre ensuite ce que vous avez noté, avec un mot d'accompagnement indiquant qu'il vous semblait plus prudent d'avoir une trace écrite. Si ça vous semble trop formel, vous pouvez toujours laisser un mot à votre voisine ou envoyer un e-mail à votre mère pour dire : « Merci beaucoup d'avoir accepté de vous occuper de la maison en notre absence. Voici un rappel des dates. C'est un grand soulagement de savoir que le jardin ne sera pas laissé à l'abandon pendant ces vacances. » Et voilà. Comme ça, si votre mère ne se souvient pas d'avoir accepté de s'occuper du jardin, elle peut le dire.

RÈGLE 99

Soyez prêt à être réactif

Vous avez fait du chemin pour arriver jusqu'ici, avec toute la préparation et l'organisation que ça demande. Mais si on vous disait non? Si vous avez bien préparé le terrain, il y a peu de chances que ça arrive, mais il y aura inévitablement des moments où vous n'obtiendrez pas ce que vous désirez.

Parfois, vous ne pouvez pas faire grand-chose d'autre que d'élaborer un plan B et de vous atteler à le mettre à exécution. Si la maison que vous vouliez vous est passée sous le nez, ou que votre collègue a eu la promotion que vous visiez, vous êtes un peu coincé pour le moment. Mais il y a d'autres maisons disponibles, d'autres postes à pourvoir, et plutôt que de jeter l'éponge, vous pouvez commencer à vous mettre en quête d'une autre opportunité.

C'est ce que font les gens qui réussissent le mieux. Ils réfléchissent à ce qui n'a pas marché cette fois-ci, et ils passent au challenge suivant. Ce qui peut parfois entraîner de grandes décisions, et vous devez y être préparé. Peut-être que vous ne trouverez jamais une maison qui correspond à vos attentes, et que vous aurez à décider sur quoi vous êtes prêt à faire des compromis. Peut-être que votre chef ne vous accordera jamais de promotion, et que vous devez vous mettre à la recherche d'un nouveau travail. Ou peut-être pas, mais il va vous falloir faire face à la décision d'une façon ou d'une autre.

C'est dans ce genre de moment que les gens qui attendent que les choses se fassent toutes seules ont tort et commencent à ressembler à des losers. Tandis que les battants qui passent tout de suite au plan B arriveront un jour ou l'autre à ce qu'ils veulent sans qu'il soit nécessaire que la chance s'en mêle.

Alors revenez au point de départ (mais ne vous inquiétez pas, le gros du travail a tout de même été fait), et demandez-vous ce que vous devez faire différemment, et si ça peut impliquer de grands changements. Et si c'est le cas, prenez le temps d'y réfléchir posément – ne donnez pas votre démission sur un coup de tête – et soyez prêt à réessayer ou à être réactif, en mettant le cap vers une autre direction.

RÈGLE 100

Gardez le cap

Peut-être n'êtes-vous pas prêt à faire des compromis ou n'en voyez-vous pas l'intérêt. Peut-être que la solution n'est pas de faire une croix sur ce poste, ce mariage, cette maison, ou de vous résigner à avoir des kilos en trop. Peut-être que vous voulez toujours ce que vous vouliez au départ, et que rien ne peut remplacer ça.

Dans ce cas, gardez le plan A. Effectivement, changer de cap n'est pas toujours la meilleure solution. Parfois la seule chose à faire est de persévérer. Je n'ai pas fait le décompte du nombre de fois où j'ai essayé d'arrêter de fumer sans y parvenir. Mais j'ai fini par y arriver. Et si j'avais arrêté d'essayer d'arrêter? Sans insister sur l'ironie de cette phrase, eh bien, je fumerais toujours aujourd'hui. Le fait que ce n'est plus le cas montre que la persévérance n'est pas une vaine chose.

Peut-être que vous n'avez pas eu de promotion cette fois-ci. Mais maintenant que l'autre candidat est monté en grade, peut-être que vous serez le prochain sur la liste – entre-temps, vous pouvez vous appliquer à être un postulant encore plus méritant.

Comme ça, personne ne veut garder vos enfants pendant que vous allez suivre des cours d'italien? Eh bien, sans doute un autre cours sera-t-il bientôt programmé un soir qui vous arrange plus. Ou bien vous trouverez un parent à l'école qui sera ravi d'échanger un soir de garde avec vous chaque semaine, ou peut-être que votre conjoint pourra rentrer plus tôt à la maison le jeudi.

Alors ne laissez pas tomber*. Faire des plans ambitieux mais réalistes, et parvenir à les mettre en œuvre, ça reste possible. Et quoi que vous fassiez, ne comptez pas sur la chance. Dans tous les cas, si vous faites les choses comme il faut, vous n'en aurez pas besoin.

* Sauf la cigarette, bien sûr.

Table des matières

2. Soyez quelqu'un à qui on a envie de dire oui

Imprimé en Allemagne
par GGP Media GmbH, Poessneck, en novembre 2015

ISBN : 978-2-501-11186-7
3871141 / 01

Dépoôt légal : janvier 2016